D1880206

नेताजी सुभाष चंद्र बोस

नेताजी सुभाष चंद्र बोस

अनुश्री श्रीवास्तव

First published in India in 2020 by
Krishna Publisher

Copyright © Publisher
ISBN: 978-93-874851-2-9

The views and opinions expressed in this book are the author's own and the facts are as reported by her, and the publishers are not in any way liable for the same.

All rights reserved. No part of this publication may be reproduced, stored in a retrieval system, or transmitted, in any form or by any means, electronic, mechanical, photo copying, recording or otherwise, without the prior permission of the publishers.

Krishna Publisher
RTB 157, Royal Tower Shipra Sun City,
Indirapuram, Ghaziabad 201014

E-mail: Krishnapublisher@gmail.com

Printed and Bound in
Delhi

₹ 590/-

प्रस्तावना

सुभाषचंद्र बोस एक महान नेता थे। नेता अपने सिद्धांतों से कभी समझौता नहीं करते, पर उनमें विरोधियों को साथ लेकर चलने का महान गुण होता है, सो, नेता जी में यह गुण कूट-कूट कर भरा था। दरअसल, भारतीय स्वतंत्रता संग्राम में अलग-अलग विचारों के दल थे। जाहिर तौर पर महात्मा गाँधी को उदार विचारों वाले दल का प्रतिनिधि माना जाता था। वहीं सुभाष चन्द्र बोस अपने जोशीले स्वभाव के कारण क्रांतिकारी विचारों वाले दल में थे।

सुभाष चंद्र बोस ने गरमपंथी तत्वों को साथ जुटाने की उम्मीद में फारवर्ड ब्लॉक की स्थापना की, लेकिन सन् 1940 ई. में वह पुनः बंदी बना लिए गए। भारतीय इतिहास की इस नाजुक घड़ी में बंदी बने रहने से उनका इन्कार आमरण अनशन के निर्णय के रूप में अभिव्यक्त हुआ, जिससे घबराकर ब्रिटिश सरकार ने उन्हें रिहा कर दिया। कड़ी निगरानी के बावजूद वह 26 जनवरी, सन् 1941 ई. को अपने कलकत्ता के आवास से वेश बदलकर निकल भागे और काबुल व मॉस्को के रास्ते अंततः अप्रैल में जर्मनी पहुँच गए।

जुलाई, 1943 ई. में सुभाषचन्द्र बोस पनडुब्बी द्वारा जर्मनी से जापानी नियंत्रण वाले सिंगापुर पहुँचे। यहाँ उन्होंने 'दिल्ली चलो' का प्रसिद्ध नारा दिया। 4 जुलाई, 1943 ई. को सुभाषचन्द्र बोस ने आजाद हिन्द फौज एवं इंडियन लीग की कमान को संभाला। आजाद हिन्द फौज के सिपाही सुभाषचन्द्र बोस को नेताजी कहते थे। बोस ने अपने अनुयायियों को जय हिन्द का नारा दिया। उन्होंने 21 अक्टूबर, 1943 ई. को सिंगापुर में अस्थायी भारत सरकार आजाद हिन्द सरकार की स्थापना की। सुभाषचन्द्र बोस इस सरकार के राष्ट्रपति, प्रधानमंत्री तथा सेनाध्यक्ष तीनों थे। वित्त विभाग एस.सी. चटर्जी को, प्रचार विभाग एस.ए. अय्यर को तथा महिला संगठन लक्ष्मी स्वामीनाथन को सौंपा गया।

बीसवीं सदी में भारतीय राजनीति में कोई स्वप्नदृष्टा हुआ है तो वह थे नेताजी सुभाष चंद्र बोस। वे कुल 48 वर्ष जिए पर इतनी कम उम्र में ही वे भारतीय राजनीति में धूमकेतु की तरह चमके और अपनी चमक बिखेर कर

विलीन हो गए। एक ऐसा नेता जिसने जो स्वप्न देखा उसे पूरा किया और प्राप्त किया। पर इतना निर्लिप्त भी कि उसे अपने लक्ष्य को पाने के बाद त्यागने में भी पल भर की भी देरी नहीं हुई।

नेताजी विलक्षण रहे। न मोह न माया न ममता बस ध्येय देश की आजादी। उनकी एक आवाज पर देशभक्त अंग्रेज फौज छोड़कर आ गए और एक आवाज पर लोगों ने बिना सवाल किए अपना सब कुछ न्योछावर कर दिया। पर चूंकि इतिहास सिर्फ विजेता की गाथा कहता है, इसीलिए नेताजी सुभाष चंद्र बोस भारतीय इतिहास में नायकों के रूप में विस्मृत कर दिए गए। हालांकि भारतीय जनमानस में उनकी छवि एक नायक की ही रही, इसीलिए जनता के दिलोदिमाग में नेताजी सिर्फ एक ही व्यक्ति रहा और वह नेताजी सुभाष चंद्र बोस रहे।

—लेखक

अनुक्रम

1

जीवन परिचय

एक महान क्रान्तिकारी और सच्चे देशभक्त थे। वैसे तो उनके पूर्वज बंगाल के थे, पर इनके जन्म से कुछ वर्ष पूर्व इनका परिवार उड़ीसा के कटक में आकर रहने लगे थे। बोस के पिता का नाम जानकीनाथ बोस और माँ का नाम प्रभावती था। जानकीनाथ बोस कटक शहर के मशहूर वकील थे। अपने सभी भाइयों में से सुभाष को सबसे अधिक लगाव शरदचंद्र से था।

नेताजी की प्रारंभिक पढ़ाई कटक के रेवेंशॉव कॉलेजिएट स्कूल में हुई, तत्पश्चात् उनकी शिक्षा कलकत्ता के प्रेजीडेंसी कॉलेज और स्कॉटिश चर्च कॉलेज से हुई और बाद में भारतीय प्रशासनिक सेवा (इण्डियन सिविल सर्विस) की तैयारी

के लिए उनके माता-पिता ने बोस को इंग्लैंड के केंब्रिज विश्वविद्यालय भेज दिया। अंग्रेजी शासन काल में भारतीयों के लिए सिविल सर्विस में जाना बहुत कठिन था, किंतु उन्होंने सिविल सर्विस की परीक्षा में चौथा स्थान प्राप्त किया।

सन् 1921 में भारत में बढ़ती राजनीतिक गतिविधियों का समाचार पाकर बोस शीघ्र ही भारत लौट आए। सिविल सर्विस छोड़ने के बाद वे भारतीय राष्ट्रीय कांग्रेस के साथ जुड़ गए। सुभाष चंद्र बोस महात्मा गाँधी के अहिंसा के विचारों से सहमत नहीं थे। वास्तव में महात्मा गाँधी उदार दल का नेतृत्व करते थे, वहीं सुभाष चंद्र बोस जोशीले क्रांतिकारी दल के प्रिय थे। महात्मा गाँधी और सुभाष चंद्र बोस के विचार भिन्न-भिन्न थे लेकिन वे यह अच्छी तरह जानते थे कि महात्मा गाँधी और उनका मकसद एक है, यानी देश की आजादी। सबसे पहले गाँधीजी को राष्ट्रपिता कह कर नेताजी ने ही संबोधित किया था।

सन् 1938 में भारतीय राष्ट्रीय कांग्रेस का अध्यक्ष निर्वाचित होने के बाद उन्होंने राष्ट्रीय योजना आयोग का गठन किया। यह नीति गाँधीवादी आर्थिक विचारों के अनुकूल नहीं थी। 1939 में बोस पुनः एक गाँधीवादी प्रतिद्वंदी को हराकर विजयी हुए। गाँधी जी ने इसे अपनी हार के रूप में लिया। उनके अध्यक्ष चुने जाने पर गाँधी जी ने कहा कि बोस की जीत मेरी हार है और ऐसा लगने लगा कि वह कांग्रेस वर्किंग कमेटी से त्यागपत्र दे देंगे। गाँधी जी के विरोध के चलते इस 'विद्रोही अध्यक्ष' ने त्यागपत्र देने की आवश्यकता महसूस की। गाँधी जी के लगातार विरोध को देखते हुए उन्होंने स्वयं कांग्रेस छोड़ दी।

इस बीच दूसरा विश्व युद्ध छिड़ गया। बोस का मानना था कि अंग्रेजों के दुश्मनों से मिलकर आजादी हासिल की जा सकती है। उनके विचारों को देखते हुए उन्हें ब्रिटिश सरकार ने कोलकाता में नजरबंद कर दिया लेकिन वह अपने भतीजे शिशिर कुमार बोस की सहायता से वहां से भाग निकले। वह अफगानिस्तान और सोवियत संघ होते हुए जर्मनी जा पहुंचे।

सक्रिय राजनीति में आने से पहले नेताजी ने पूरी दुनिया का भ्रमण किया। वह 1933 से 36 तक यूरोप में रहे। यूरोप में यह दौर था हिटलर के नाजीवाद और मुसोलिनी के फासीवाद का। नाजीवाद और फासीवाद का निशाना इंग्लैंड था, जिसने पहले विश्वयुद्ध के बाद जर्मनी पर एकतरफा समझौते थोपे थे। वे उसका बदला इंग्लैंड से लेना चाहते थे। भारत पर भी अंग्रेजों का कब्जा था और इंग्लैंड के खिलाफ लड़ाई में नेताजी को हिटलर और मुसोलिनी में भविष्य का मित्र दिखाई पड़ रहा था। दुश्मन का दुश्मन दोस्त होता है। उनका मानना था कि स्वतंत्रता हासिल करने के

लिए राजनीतिक गतिविधियों के साथ-साथ कूटनीतिक और सैन्य सहयोग की भी जरूरत पड़ती है।

सुभाष चंद्र बोस ने 1937 में अपनी सेक्रेटरी और ऑस्ट्रियन युवती एमिली से शादी की। उन दोनों की एक अनीता नाम की एक बेटी भी हुई जो वर्तमान में जर्मनी में सपरिवार रहती हैं।

नेताजी हिटलर से मिले। उन्होंने ब्रिटिश हुकूमत और देश की आजादी के लिए कई काम किए। उन्होंने 1943 में जर्मनी छोड़ दिया। वहां से वह जापान पहुंचे। जापान से वह सिंगापुर पहुंचे। जहां उन्होंने कैप्टन मोहन सिंह द्वारा स्थापित आजाद हिंद फौज की कमान अपने हाथों में ले ली। उस वक्त रास बिहारी बोस आजाद हिंद फौज के नेता थे। उन्होंने आजाद हिंद फौज का पुनर्गठन किया। महिलाओं के लिए रानी झांसी रेजिमेंट का भी गठन किया जिसकी लक्ष्मी सहगल कैप्टन बनीं।

नेताजी के नाम से प्रसिद्ध सुभाष चन्द्र ने सशक्त क्रान्ति द्वारा भारत को स्वतंत्र कराने के उद्देश्य से 21 अक्टूबर, 1943 को आजाद हिन्द सरकार की स्थापना की तथा आजाद हिन्द फौज का गठन किया। इस संगठन के प्रतीक चिह्न पर एक झंडे पर दहाड़ते हुए बाघ का चित्र बना होता था। नेताजी अपनी आजाद हिंद फौज के साथ 4 जुलाई, 1944 को बर्मा पहुँचे। यहीं पर उन्होंने अपना प्रसिद्ध नारा, 'तुम मुझे खून दो, मैं तुम्हें आजादी दूंगा दिया।'

18 अगस्त, 1945 को तोक्यो जाते समय ताइवान के पास नेताजी की मौत हवाई दुर्घटना में हो गई, लेकिन उनका शव नहीं मिल पाया। नेताजी की मौत के कारणों पर आज भी विवाद बना हुआ है।

जन्म

सुभाष चंद्र बोस का जन्म 23 जनवरी, सन 1897 ई. में उड़ीसा के कटक नामक स्थान पर हुआ था। द्वितीय विश्व युद्ध के दौरान पश्चिमी शक्तियों के विरुद्ध आजाद हिंद फौज का नेतृत्व करने वाले बोस एक भारतीय क्रांतिकारी थे, जिनको ससम्मान नेताजी भी कहा जाता है। बोस के पिता का नाम जानकीनाथ बोस और माँ का नाम प्रभावती था। जानकीनाथ बोस कटक शहर के मशहूर वकील थे। पहले वे सरकारी वकील थे, लेकिन बाद में उन्होंने निजी प्रैक्टिस शुरू कर दी थी। उन्होंने कटक की महापालिका में लंबे समय तक काम किया था और वे बंगाल विधान सभा के सदस्य भी रहे थे। अंग्रेज सरकार ने उन्हें रायबहादुर का खिताब दिया था। प्रभावती देवी के पिता का नाम गंगानारायण दत्त था। दत्त परिवार को कोलकाता का

एक कुलीन परिवार माना जाता था। प्रभावती और जानकीनाथ बोस की कुल मिलाकर 14 संतानें थी, जिसमें 6 बेटियाँ और 8 बेटे थे। सुभाष चंद्र बोस उनकी नौवीं संतान और पाँचवें बेटे थे। अपने सभी भाइयों में से सुभाष को सबसे अधिक लगाव शरदचंद्र से था। शरदबाबू प्रभावती और जानकीनाथ के दूसरे बेटे थे। सुभाष उन्हें मेजदा कहते थे। शरदबाबू की पत्नी का नाम विभावती था।

बचपन

उस समय पूरे भारत में उथल-पुथल मची हुई थी। अंग्रजी साम्राज्य अपना दबदबा बरकरार रखे हुए था। उसने सर्वप्रथम बंगाल प्रांत पर अपना कब्जा किया था। फिरंगी भारत में व्यवसाय करने के मकसद से आए थे। जब उन्होंने यहां की राजनीतिक व्यवस्था को कमजोर देखा, तब उन्होंने भारत पर शासन करने का मन बना लिया। उन दिनों भारत के राजनेताओं में तरह-तरह के मतभेद थे। यह देश किसी एक शासक के अधीन नहीं था। अनेक प्रांतों के राजाओं में एकता नहीं थी। वे मिल-जुलकर रहना नहीं जानते थे। इसलिए फिरंगियों ने देश के लोगों की कमजोरियों का फायदा उठाते हुए अपना शासन जमा लिया।

बंगाल की जनता अपने ऊपर किए जा रहे अंग्रेजी शासन से जल-भुन रही थी। वह अंग्रेजों से मुक्ति पाने का निरन्तर प्रयास कर रही थी। परन्तु देश के संभ्रांत वर्ग को अंग्रेजों ने सुख-सुविधाएं देकर पूरे भारत पर अपना अधिकार जमा लिया था।

वकील साहब के परिवार में एकता का बोलबाला था। वे अपने भाइयों और बच्चों के साथ मिल-जुलकर रहते थे। उनका नवजात बालक माता-पिता के करीब रहकर दाई शारदा की ममता की छांव में पलता रहा। शारदा बालक को प्यार से राजा कहकर बुलाती थी। उनके प्रभाव से बालक बचपन से ही अंतर्मुखी हो गया था।

जब राजा पांच वर्ष के हुए, तब उन्हें बैप्टिस्ट स्कूल में दाखिल कराया गया। उनके स्कूल में पुरुष अध्यापक कम, महिला अध्यापिकाएं ज्यादा थीं। उनमें से अधिकांश शिक्षक-शिक्षकाएं ब्रिटेन के थे। राजा को अपने स्कूल का वातावरण बहुत अच्छा लगा। स्कूल पाठ्यक्रम के अनुसार बच्चों को अंग्रजी संस्कृति में ढालना था। उन्हें भारतीय संस्कृति से अलग होने की शिक्षा दी जा रही थी। बच्चों को संस्कृत के स्थान पर लैटिन भाषा पढ़ाई जाती थी। बच्चों को अपना विषय रटना पड़ता था। जो बच्चे रटने में कमजोर थे, उनको बेंतों से पीटा जाता था।

भारतीयों के साथ अल्पावस्था में अंग्रेजों का व्यवहार देखकर सुभाष चंद्र बोस ने अपने भाई से पूछा–दादा कक्षा में आगे की सीटों पर हमें क्यों बैठने नहीं दिया जाता है? बोस जो भी करते, आत्मविश्वास से करते थे। अंग्रेज अध्यापक बोस जी के अंक देखकर हैरान रह जाते थे। बोस जी के कक्षा में सबसे अधिक अंक लाने पर भी जब छात्रवृत्ति अंग्रेज बालक को मिली तो वह उखड़ गए। बोस ने मिशनरी स्कूल को छोड़ दिया। उसी समय अरविन्द ने बोस जी से कहा–हम में से प्रत्येक भारतीय को डायनमो बनना चाहिए, जिससे कि हममें से यदि एक भी खड़ा हो जाए तो हमारे आस-पास हजारों व्यक्ति प्रकाशवान हो जाएँ। अरविन्द के शब्द बोस के मस्तिष्क में गूँजते थे। सुभाष सोचते- हम अनुगमन किसका करें? भारतीय जब चुपचाप कष्ट सहते तो वे सोचते- धन्य हैं ये वीर प्रसूत। ऐसे लोगों से क्या आशा की जा सकती है?

राजा को पठन-पाठन बहुत प्रिय था। इसलिए अध्यापकगण उनसे बहुत प्यार करने लगे थे। मिस सारा लारेंस नामक अध्यापिका के साथ राजा घुल-मिल गए थे। वे अपने घर आकर लारेंस की तारीफ के पुल बांध देते थे। जब कभी उनकी बहनें उन्हें चिढ़ातीं, तब व शर्म से अपना सिर झुका लेते थे।

यह वही राजा था, जो आगे चलकर सुभाष चन्द्र बोस के नाम से अपनी रोशनी बिखेरने लगा। उस स्कूल में पढ़ते-पढ़ते सुभाष की आदतें काफी बदल गई थीं। उन्हें देखकर ऐसा नहीं लगता था कि वे भारतीय बालक हैं वे अंग्रेजी विषय में बहुत तेज थे। इसलिए एंग्लो इंडियन छात्रों को उन्होंने पीछे छोड़ दिया था। वे बड़े चुस्त और फुर्तीले थे। वे सभी लोगों से शालीनतापूर्वक बात करते थे।

सन् 1909 की बात है। सुभाष बारह वर्ष के हो गए थे। अब उनका दाखिला 'रावेन्शा कालिजिएट' नामक स्कूल में करा दिया गया। उस स्कूल में भारतीय संस्कृति और भाषाओं को बहुत महत्व दिया जाता था। वेणीमाधव दास उस स्कूल के प्रधानाचार्य थे। उनके हृदय में राष्ट्रीय भावना कूट-कूट कर भरी हुई थी। उस स्कूल में बच्चे धोती-कुर्ता पहनकर आते थे। वहां बच्चों को बंगला भाषा का गहन अध्ययन कराया जाता था।

शुरू में कुछ दिन तक सुभाष वहां मिशन स्कूल की ड्रेस में गए। उन्हें देखकर सभी छात्र चकित हो उठे। फिर उन्होंने अपने आपको कुर्ता व धोती में सजा लिया। एक दिन उन्हें इस ड्रेस में देखकर वकील साहब ने पूछा–"सुभाष बेटे, तुम्हें कुर्ता-धोती पहनने में कुछ अजीब सा तो नहीं लगता।"

"कुर्ता-धोती हमारे राष्ट्र के गौरव का प्रतीक है पिताजी" सुभाष ने मुस्कराते हुए जवाब दिया–"मुझे इस पर बड़ा गर्व महसूस होता है।"

दिन-प्रतिदिन सुभाष में आ रहे परिवर्तन को देखकर उनके प्रधानाचार्य वेणीमाधव दास जी बड़े खुश थे। वे मन ही मन सुभाष को बहुत प्यार करने लगे थे। धीरे-धीरे सुभाष को भी उनसे बड़ा लगाव हो गया।

प्रधानाचार्य महोदय अंग्रेजी हुकूमत के खिलाफ थे। वे अंग्रेजों के साम्राज्य को भारत से उखाड़ फेंकने का स्वप्न देख रहे थे। इसलिए उन्होंने बच्चों में राष्ट्रीयता की भावना भरने का कार्य शुरू किया, ताकि बच्चे बड़े होकर अंग्रजों के खिलाफ लड़ सकें। अतः प्रधानाचार्य ने बच्चों को देश-प्रेम की शिक्षा देने का मन बनाया। उसी साल क्रूर ब्रिटिश सरकार ने नौजवान खुदीराम बोस को फांसी पर चढ़ा दिया था। खुदीराम का कसूर यह था कि वे अपने देश की आजादी के लिए क्रांतिकारी गतिविधियों में शामिल हो गए थे। 11 अगस्त, सन् 1910 को उनकी पहली बरसी आई। इस अवसर पर सुभाष ने स्कूल के सभी बच्चों को एक जगह एकत्र किया। फिर उन्होंने इतना जोरदार भाषण दिया कि बच्चों के साथ-साथ बड़ों के भी रोंगटे खड़े हो गए। उनका भाषण खुदीराम बोस की फांसी पर आधारित था।

सुभाष ने सभी बच्चों से आग्रह किया कि वे 11 अगस्त को व्रत रखें। उनके कहने पर सभी बच्चों ने व्रत रखा। प्रधानाचार्य सुभाष के इस आग्रह पर बड़े प्रसन्न हुए। उन्होंने भी बच्चों के साथ व्रत रखा था। उसी दिन स्कूल के प्रांगण में एक शोक सभा का आयोजन किया गया। वहां उपस्थित सभी लोगों ने खुदीराम बोस को भावभीनी श्रद्धांजलि अर्पित की। इसके बाद ब्रिटिश सरकार स्कूल के प्रधानाचार्य से नाराज हो गई। उसने क्रोध में आकर प्रधानाचार्य का तबादला कर दिया।

आज प्रधानाचार्य का कटक के स्कूल में अंतिम दिन था। बच्चे उन्हें विदा करने रेलवे स्टेशन तक आए। सुभाष ने अपने प्रिय प्रधानाचार्य महोदय का चरण स्पर्श किया।

"ईश्वर तुम्हें और सद्बुद्धि दे।" प्रधानाचार्य ने सुभाष को आशीर्वाद देते हुए कहा–"मेरी हार्दिक शुभकामनाएं तुम्हारे साथ हैं। तुम एक न एक दिन जरूर महान आदमियों में गिने जाओगे। ऐसा मेरा दिल कहता है। जाओ-तुम अपना ख्याल रखना।"

सुभाष ने उन्हें विदा किया। फिर वे स्कूल लौट आए। स्कूल में उन्होंने प्रधानाचार्य महोदय की तस्वीर लगाई और सभी बच्चों को सम्बोधित करते हुए कहा–"साथियों, आज हमारे प्रिय गुरु हमारे स्कूल से विदा हो गए हैं। उन्होंने

हमें देशभक्ति का जो पाठ पढ़ाया है, हम उसे याद करके अपने गुरु की यादों को भी सदा ताजा रखेंगे। वे हमेशा ईश्वर से यही कामना करते थे कि हमारा देश अंग्रेजों के क्रूर शासन से मुक्त हो। यह कितनी अच्छी बात है। आज हमें उनके बताए रास्ते पर चलने की प्रतिज्ञा करनी है। हम अब तभी चैन की सांस लेंगे, जब हमारी भारत मां अंग्रेजों के चंगुल से मुक्त हो जाएगी। ये सब उसी जालिम सरकार की चाल है, जिसने हमारे प्रिय गुरु जी का स्थानांतरण कर दिया। लेकिन हमारे गुरु जी हम सबके लिए प्रेरणा के स्रोत बने रहेंगे।"

सभी बच्चों ने सुभाष का भरपूर समर्थन किया। वे सुभाष के कहने पर अपने-अपने कामों में जुट गए।

सुभाष अपने साथियों का नेतृत्व कर रहे थे। एक बार किसी गांव में चेचक रोग फैल गया। वे सभी अपना पठन-पाठन भूलकर गांव वालों की सेवा करने लगे। उन्होंने उचित चिकित्सा से गांव वालों को रोग से मुक्त करा दिया, तभी से सुभाष दूसरों का दुख देखकर स्वयं दुखी रहने लगे। अब पन्द्रह वर्ष के हो गए थे। पढ़ाई से उनका मन भटकने लगा था, क्योंकि वे अपने दिल में तरह-तरह की बातें सोचते रहते थे। भारतीय जनता का दुख कैसे दूर होगा? भारत मां को आजादी कब मिलेगी? आजादी के लिए कोन सा रास्ता अपनाया जाए? इस तरह के कई सवाल उनके दिमाग को मथ रहे थे।

एक दिन सुभाष अपने किसी मित्र के घर गए। वहां उन्हें स्वामी रामकृष्ण और स्वामी विवेकानन्द की कुछ किताबें पढ़ने को मिलीं। उन किताबों से उन्हें स्वामी जी के विचारों को समझने का मौका मिला। उन पर स्वामी विवेकानन्द के विचारों का गहरा प्रभाव पड़ा। उन्होंने देश को स्वाधीन कराने का संकल्प लिया और देश की गरीबी तथा अज्ञानता को दूर करने का निश्चय किया। उस किताब को पढ़ने के बाद सुभाष का संयम दोगुना बढ़ गया। वे चरित्र निर्माण और योगाभ्यास के कार्यों में जुट गए। वे कई घंटों तक ईश्वर के ध्यान में मग्न रहने लगे। उनके सभी साथी सुभाष को संन्यासी की संज्ञा देने लगे।

शिक्षा-दीक्षा से लेकर आईसीएस तक का सफर

कटक के प्रोटेस्टेण्ट यूरोपियन स्कूल से प्राइमरी शिक्षा पूर्ण कर 1909 में उन्होंने रेवेनशा कॉलेजियेट स्कूल में दाखिला लिया। कॉलेज के प्रिन्सिपल बेनीमाधव दास के व्यक्तित्व का सुभाष के मन पर अच्छा प्रभाव पड़ा। मात्र पन्द्रह वर्ष की आयु में सुभाष ने विवेकानन्द साहित्य का पूर्ण अध्ययन कर

लिया था। 1915 में उन्होंने इण्टरमीडियेट की परीक्षा बीमार होने के बावजूद द्वितीय श्रेणी में उत्तीर्ण की। 1916 में जब वे दर्शनशास्त्र (ऑनर्स) में बीए के छात्र थे, किसी बात पर प्रेसीडेंसी कॉलेज के अध्यापकों और छात्रों के बीच झगड़ा हो गया। सुभाष ने छात्रों का नेतृत्व संभाला जिसके कारण उन्हें प्रेसीडेंसी कॉलेज से एक साल के लिये निकाल दिया गया और परीक्षा देने पर प्रतिबन्ध भी लगा दिया गया। 49वीं बंगाल रेजीमेण्ट में भर्ती के लिये उन्होंने परीक्षा दी किन्तु आँखें खराब होने के कारण उन्हें सेना के लिये अयोग्य घोषित कर दिया गया। किसी प्रकार स्कॉटिश चर्च कॉलेज में उन्होंने प्रवेश तो ले लिया किन्तु मन सेना में ही जाने को कह रहा था। खाली समय का उपयोग करने के लिये उन्होंने टेरीटोरियल आर्मी की परीक्षा दी और फोर्ट विलियम सेनालय में रँगरूट के रूप में प्रवेश पा गये। फिर ख्याल आया कि कहीं इण्टरमीडियेट की तरह बीए में भी कम नम्बर न आ जायें सुभाष ने खूब मन लगाकर पढ़ाई की और 1919 में बीए (ऑनर्स) की परीक्षा प्रथम श्रेणी में उत्तीर्ण की। कलकत्ता विश्वविद्यालय में उनका दूसरा स्थान था।

पिता की इच्छा थी कि सुभाष आईसीएस बनें किन्तु उनकी आयु को देखते हुए केवल एक ही बार में यह परीक्षा पास करनी थी। उन्होंने पिता से चौबीस घण्टे का समय यह सोचने के लिये माँगा ताकि वे परीक्षा देने या न देने पर कोई अन्तिम निर्णय ले सकें। सारी रात इसी असमंजस में वह जागते रहे कि क्या किया जाये। आखिर उन्होंने परीक्षा देने का फैसला किया और 15 सितम्बर, 1919 को इंग्लैण्ड चले गये। परीक्षा की तैयारी के लिये लन्दन के किसी स्कूल में दाखिला न मिलने पर सुभाष ने किसी तरह किट्स विलियम हाल में मानसिक एवं नैतिक विज्ञान की ट्राइपास (ऑनर्स) की परीक्षा का अध्ययन करने हेतु उन्हें प्रवेश मिल गया। इससे उनके रहने व खाने की समस्या हल हो गयी। हाल में एडमीशन लेना तो बहाना था असली मकसद तो आईसीएस में पास होकर दिखाना था। सो उन्होंने 1920 में वरीयता सूची में चौथा स्थान प्राप्त करते हुए पास कर ली।

इसके बाद सुभाष ने अपने बड़े भाई शरतचन्द्र बोस को पत्र लिखकर उनकी राय जाननी चाही कि उनके दिलो-दिमाग पर तो स्वामी विवेकानन्द और महर्षि अरविन्द घोष के आदर्शों ने कब्जा कर रखा है। ऐसे में आईसीएस बनकर वह अंग्रेजों की गुलामी कैसे कर पायेंगे? 22 अप्रैल, 1921 को भारत सचिव ई.एस. मान्टेग्यू को आईसीएस से त्यागपत्र देने का पत्र लिखा। एक पत्र देशबन्धु चित्तरंजन दास को लिखा। किन्तु अपनी माँ प्रभावती का यह पत्र मिलते ही कि पिता, परिवार के

लोग या अन्य कोई कुछ भी कहे उन्हें अपने बेटे के इस फैसले पर गर्व है, सुभाष जून 1921 में मानसिक एवं नैतिक विज्ञान में ट्राइपास (ऑनर्स) की डिग्री के साथ स्वदेश वापस लौट आये।

देश भक्ति की भावना

बोस जी अंग्रेजी शिक्षा को निषेधात्मक शिक्षा मानते थे, किन्तु बोस जी को उनके पिता ने समझाया—हम भारतीय अंग्रेजों से जब तक प्रशासनिक पद नहीं छीनेंगे, तब तक देश का भला कैसे होगा। सुभाष ने इंग्लैंड में जाकर आई. सी. एस. की परीक्षा उत्तीर्ण की। वे प्रतियोगिता में उत्तीर्ण ही नहीं हुए, चतुर्थ स्थान पर रहे। नेता जी एक बहुत मेधावी छात्र थे। वे चाहते तो उच्च अधिकारी के पद पर आसीन हो सकते थे। परन्तु उनकी देश भक्ति की भावना ने उन्हें कुछ अलग करने के लिए प्रेरित किया। बोस जी ने नौकरी से त्याग पत्र दे दिया। सारा देश हैरान रह गया। बोस जी को समझाते हुए कहा गया—तुम जानते भी हो कि तुम लाखों भारतीयों के सरताज होगे? तुम्हारे हजारों देशवासी तुम्हें नमन करेंगे? सुभाष ने कहा—

"मैं लोगों पर नहीं उनके मनों पर राज्य करना चाहता हूँ। उनका हृदय सम्राट बनना चाहता हूँ।"

सन् 1913 के दौरान सुभाष ने वैरागियों जैसा रूप धारण कर लिया। वे मैट्रिक की परीक्षा पास कर चुके थे। उन्होंने अपने जीवन का लक्ष्य बनाया कि देश के लोगों की सेवा करेंगे और साथ में आध्यात्मिक उन्नति भी करेंगे। उनके घर में राजनीतिक वातावरण बिल्कुल नहीं था। इसलिए देश में उठ रहा राजनीतिक तूफान उन्हें प्रभावित नहीं कर सका। वकील साहब ने सुभाष का दाखिला कलकत्ता के प्रेसीडेंसी कॉलेज में करा दिया। वह कॉलेज कलकत्ता का जाना-माना कॉलेज था। यहां वे बी. ए. की पढ़ाई करने लगे।

सुभाष पढ़ाई के साथ-साथ समाज सेवा भी करते रहे। उन्होंने अपने साथियों के साथ कई स्थानों का दौरा किया। सन् 1914 में उन्होंने प्रसिद्ध कवि रवीन्द्रनाथ टैगोर से मुलाकात की। उस समय बंगाल की जनता प्रसिद्ध राजनीतिज्ञ अरविंद घोष का बड़ा आदर करती थी। इसलिए सुभाष भी उनसे जा मिले। उन्हें अरविन्द घोष के क्रिया-कलापों से बड़ी प्रसन्नता हुई। सुरेन्द्रराथ बनर्जी बंगाल के प्रमुख नेताओं में से एक थे। उन्होंने कांग्रेस पार्टी के निर्माण में अपना विशेष योगदान दिया था। सुभाष उनसे मिलकर बहुत प्रभावित हुए। अब उनकी पढ़ाई के प्रति सारी लापरवाही समाप्त हो चुकी थी। वे जी-जान से अपनी पढ़ाई करने

लगे। उन्होंने अपने आपको समाज सेवा, राजनीति और मित्रता से अलग कर लिया था। उनका सारा ध्यान पढ़ाई पर केन्द्रित हो गया था। अपने बेटे के जीवन में आए बदलाव को देखकर पिता जानकीनाथ बोस खुशी से फूले नहीं समाए। एक दिन उन्होंने अपने बेटे की पीठ थपथपाते हुए कहा–"मेरे बेटे, तुमने अपनी प्रतिभा को पहचान लिया है। मुझे उम्मीद है कि तुम भारत में अपना एक अलग मुकाम हासिल करोगे। तुम्हें देखकर सबको यही लगता है कि तुम बड़े प्रतिभावान हो।"

यह सुनते ही सुभाष खुशी से गद्‌गद्‌ हो उठे। उन्होंने अपने पिता को प्रणाम किया। उस समय उनके घर के सभी लोग वहां मौजूद थे। सबने मिलकर सुभाष के उज्ज्वल भविष्य की कामना की और उनका हौसला बढ़ाया।

एक दिन सुभाष अपने कॉलेज की लाइब्रेरी में बैठे किताब पढ़ रहे थे, तभी एक लड़का दौड़ता हुआ सुभाष के पास आया। उसने कहा–"सुभाष भाई! आज फिर प्रोफेसर मिस्टर ओटेन हमारे साथियों की पिटाई कर रहे हैं।"

यह सुनते ही सुभाष उठ खड़े हुए। वे उस लड़के के साथ अपनी क्लास में गए। वहां उन्होंने देखा तो ओटेन भारतीय छात्रों को गाली दे रहा था। वह अपने हाथ में एक मजबूत बेंत लिए हुए था। उस दृश्य को देखकर सुभाष का स्वाभिमान जाग गया। वे सभी लड़कों को साथ लेकर प्रधानाचार्य के ऑफिस में जा पहुंचे। उनकी शिकायत सुनकर प्रधानाचार्य जेम्स बिगड़ते हुए बोला–"खबरदार! हमारे प्रोफेसर पर आरोप लगा रहे हो। उनका कोई कसूर नहीं है। तुम सब जाकर उनसे माफी मांगो, अन्यथा मैं बेकाबू हो जाऊंगा।"

उसकी धमकी सुनकर सुभाष की बोलती बंद हो गई उन्होंने सत्य-असत्य कुछ नहीं कहा। स्थिति को देखकर उन्होंने अनुमान लगाया कि ये सब अंग्रेज अध्यापकों की साजिश है। वे हम लोगों को यह महसूस कराना चाहते हैं कि हम गुलाम देश के नागरिक हैं। इसलिए व हमारा अपमान करते हैं। कॉलेज का जितना भी स्टाफ है, सभी ब्रिटिश सरकार की जी-हजूरी करने वाला है। लेकिन हम उन्हें हद से आगे नहीं बढ़ने देंगे। हम उनसे अपने अपमान का बदला लेकर रहेंगे। अब यह मामला जातीय विद्वेष को जन्म दे चुका है। इसलिए अपने को ऊंचा समझने वाले अंग्रेजों को सबक सिखाना ही पड़ेगा। इस घटना के बाद से सुभाष की जीवन धारा ही बदल गई। उन्होंने अपने साथियों से विचार-विमर्श करके हड़ताल की घोषणा कर दी। यह हड़दाल अध्यापकों के दुर्व्यवहार के विरोध में की गई थी।

उनकी हड़ताल का मुकाबला अंग्रेजों ने भारत में पहली बार किया थां। कॉलेज के गेट पर खड़े होकर सुभाष और उनके साथी नारे लगा रहे थे। सुभाष ने अध्यापकों से स्पष्ट कहा–

"मिस्टर ओटेन को छात्रों के प्रति सम्मानपूर्ण व्यवहार करना पड़ेगा। हम हिन्दुस्तानी जरूर हैं। मगर हमारे साथ असभ्य और गंवारों जैसा बरताव किया जाता है। अध्यापकों को इस पर रोक लगानी होगी। हम किसी भी कीमत पर अपमान सहने को तैयार नहीं हैं। अतः कॉलेज में सुधार किया जाए। अन्यथा हम कक्षाओं का बहिष्कार करेंगे।"

उनकी आवाज सुनकर कॉलेज का सारा स्टाफ दंग रह गया। उनकी हड़ताल तीन दिन तक चलती रही। इस हड़ताल का असर भारतीय शिक्षकों पर भी पड़ा। वे सभी खुलकर भारतीय छात्रों का समर्थन करने लगे। अगले दिन कॉलेज मैनेजमेंट की बैठक हुई, बैठक में ओटेन को छात्रों से क्षमा मांगने के लिए कहा गया। ओटेन ने शर्मिंदा होकर सभी छात्रों से क्षमा मांगी। इसके बाद सुभाष ने हड़ताल समाप्त करने का ऐलान किया।

क्षमा मांगने के बाद ओटेन अपना अपमान महसूस करने लगा। वह अपने इस अपमान का बदला लेने के लिए मौके की तलाश कर रहा था। एक दिन सुभाष की कक्षा में पहुंचते ही वह चिल्लाते हुए बोला–"तुम लोगों को न तो बात करने का ढंग मालूम है और न ही चलने का ढंग। तुम सब जब भी चलते हो, अपनी चप्पल को जमीन में फटफटाते हुए चलते हो।"

इतना कहने के बाद सुभाष की पीठ पर दो हाथ मार दिए। यदि सुभाष कुछ बोलते तो ओटेन का अपमान होता। इसलिए वे चुप रहे। लेकिन मिस्टर ओटेन ने उन्हें बदले की भावना से जान-बूझकर मारा था। सुभाष ने उसे सबक सिखाने की ठान ली। एक दिन वे कॉलेज के गेट पर छुट्टी के बाद ओटेन के आने का इंतजार करने लगे। उनके साथ कुछ लड़के और भी थे। जब ओटेन कॉलेज के गेट पर पहुंचा, तब सुभाष और उनके साथियों ने उसकी जमकर पिटाई कर दी। अगले दिन यह खबर प्रधानाचार्य को मिली। उसने तत्काल सुभाष को कॉलेज से निकाल दिया।

सुभाष के हृदय में स्वामी विवेकानन्द के जीवन की प्रेरणा भरी बातें मचल रही थीं। उन बातों को सोचकर वे दीन-दुखियों की सेवा में जुट गए। उन्होंने अपने साथियों को एकत्र करके एक सेवा समिति बनाई। समिति के सभी लोग गरीबों की सेवा करने लगे। कटक के पूरे इलाके में सुभाष एक समाज सेवी के

रूप में लोकप्रिय हो गए। जनता उन्हें अपना युवा नेता मानने लगी। वे एक वर्ष तक कटक में रहे। उसके बाद वे फिर कलकत्ता आ गए। यहां कलकत्ता विश्वविद्यालय के उपकुलपति आशुतोष मुखर्जी के प्रयास से उन्हें स्काटिश चर्च कॉलेज में दाखिला मिल गया। उस कॉलेज में सैन्य प्रशिक्षण भी दिया जाता था। सुभाष की रुचि सैन्य प्रशिक्षण पाने के लिए हो गई। उन्होंने उस पाठ्यक्रम में प्रवेश ले लिया।

सैन्य प्रशिक्षण देने वाला एक अंग्रेज अधिकारी था। उसका नाम कैप्टन ग्रे था। वह सुभाष की रुचि देखकर उनका प्रशंसक बन गया। उसे भारतीय छात्रों को प्रशिक्षण देने में बड़ी खुशी होती थी। संयोग से उन दिनों सरकार ने ओटेन को बंगाल में शिक्षा विभाग का डायरेक्टर जनरल बना दिया था। एक दिन वह 'स्काटिश चर्च कॉलेज' में सेना के कैम्प का निरीक्षण करने आया। सुभाष उसे देखते ही समझ गए कि ओटेन मुझसे अपने अपमान का बदला लेकर रहेगा। ओटेन ने भी सुभाष को एक ही नजर में पहचान लिया था।

उसने कैप्टन ग्रे से पूछा–"सुभाष कुछ सीख रहा है या नहीं?"

ओटेन के इस सवाल पर कैप्टन ने सुभाष की भूरि-भूरि प्रशंसा की। उनकी प्रशंसा को सुनते ही सुभाष के प्रति ओटेन का दृष्टिकोण ही बदल गया। परेड खत्म होने पर वह सुभाष से मिलने के लिए आगे बढ़ा। सुभाष ने उसे सैल्यूट मारा।

"मुझे इस बात की बड़ी खुशी है कि तुम कैप्टन के अनुसार सही प्रशिक्षण ले रहे हो।" ओटेन ने सुभाष से कहा।

"शुक्रिया सर। हमारे कैप्टन साहब प्रशिक्षक के अलावा एक अच्छे इंसान भी हैं। आप मुझमें जो देख रहे हैं, वह सब उनकी शिक्षा की एक अमिट छाप है।" सुभाष बोले।

ओटेन ने उनसे प्रभावित होकर उन्हें अपनी सेना का 'नॉन कमीशंड ऑफिसर' नियुक्त कर दिया। उस समय सुभाष लगभग बाईस वर्ष के थे। उन्हें उपनी इस नियुक्ति पर बड़ा गर्व हुआ। उन्होंने प्रथम श्रेणी में बी. ए. की परीक्षा उत्तीर्ण की थी। कलकत्ता विश्वविद्यालय में उन्हें दूसरा स्थान प्राप्त हुआ था। वहां के उप कुलपति ने सुभाष को बुलाकर उन्हें हार्दिक बधाई दी। एक दिन सुभाष के पिता का कलकत्ता आगमन हुआ।

उन्होंने सुभाष को अपने मन की बात बताई–"सुभाष बेटे, मैं चाहता हूं कि तुम 'भारतीय सिविल सेवा परीक्षा' की तैयारी करो। अतः तुम्हें मेरे कथनानुसार ब्रिटेन जाना होगा। क्या तुम वहां जाने के लिए राजी हो। मुझे जल्दी से बताओ।"

सुभाष के दिल में स्वाधीनता का एक ऐसा बीज बोया जा चुका था, जो भारत को आजाद कराने के लिए मचल रहा था। वे अपने पिता की गंभीरता को देखकर कोई जवाब नहीं दे सके। उनका दिमाग अमृतसर में हुए 'जलियांवाला बाग हत्याकांड' की घटनाओं से परेशान हो रहा था। वहां न जाने कितने निहत्थे और मासूम लोगों को जालिम सरकार ने मौत के घाट उतार दिया था। इस नृशंस हत्याकांड पर देश के क्रांतिकारी नौजवान अपने सिर पर कफन बांधकर अंग्रेजी सरकार से लोहा लेने के लिए निकल पड़े थे। उनका हौसला देखकर सरकार ने अपना दमनचक्र तेज कर दिया था। फिर भी भारत मां के प्यारे लाडले तेजी से आगे बढ़ रहे थे। उस घटना को लेकर अमृतसर और लाहौर में मातम सा छा गया था। यहां की खबरें समाचार पत्रों के द्वारा बंगाल पहुंच रही थीं और बंगाल के नौजवान फिरंगियों से लड़ने के लिए एकजुट हो गए थे। इस स्थिति से वकील साहब भली-भांति वाकिफ थे। इसी वजह से वे सुभाष को क्रांतिकारी आंदोलन से दूर रखना चाहते थे।

वकीलों और कानूनविदों के शामिल होते ही गाँधी जी का आंदोलन जोर पकड़ता गया। इससे ब्रिटिश सरकार की नींद हराम हो गई। सुभाष बम्बई पहुंचने के बाद महात्मा गाँधी से मिलने गए। गाँधी जी उनके क्रिया-कलापों से वाकिफ थे। वे एक कमरे में अकेले बैठे हुए थे। कमरे के फर्श पर देशी कालीन बिछा हुआ था। सुभाष अपने विदेशी लिबास में गाँधी जी के सामने उपस्थित हुए। उन्हें उन कपड़ों में संकोच महसूस हो रहा था। लेकिन गाँधी जी ने अपनी मुस्कान से उनके संकोच को दूर कर दिया। उन्होंने एक घंटे तक सुभाष से बातचीत की।

ऑस्ट्रिया में प्रेम विवाह

सन् 1934 में जब सुभाष ऑस्ट्रिया में अपना इलाज कराने हेतु ठहरे हुए थे उस समय उन्हें अपनी पुस्तक लिखने हेतु एक अंग्रेजी जानने वाले टाइपिस्ट की आवश्यकता हुई। उनके एक मित्र ने एमिली शेंकल नाम की एक ऑस्ट्रियन महिला से उनकी मुलाकात करा दी। एमिली के पिता एक प्रसिद्ध पशु चिकित्सक थे। सुभाष एमिली की ओर आकर्षित हुए और उन दोनों में स्वाभाविक प्रेम हो गया। नाजी जर्मनी के सख्त कानूनों को देखते हुए उन दोनों ने सन् 1942 में बाड गास्टिन नामक स्थान पर हिन्दू पद्धति से विवाह रचा लिया। वियेना में एमिली ने एक पुत्री को जन्म दिया। सुभाष ने उसे पहली बार तब देखा जब वह मुश्किल से चार सप्ताह की थी। उन्होंने उसका नाम अनिता बोस रखा था। अगस्त, 1945 में ताइवान में

हुई तथाकथित विमान दुर्घटना में जब सुभाष की मौत हुई, अनिता पौने तीन साल की थी। अनिता अभी जीवित हैं। उनका नाम अनिता बोस फाफ (va:Anita Bose Pfaff) है। अपने पिता के परिवारजनों से मिलने अनिता फाफ कभी-कभी भारत भी आती हैं।

जब सुभाष के भाई शरत चन्द्र बोस 1948 में वियेना गये थे तो एमिली ने उनका भावपूर्ण स्वागत किया था। एमिली तो अब नहीं रहीं परन्तु उनकी पुत्री अनिता कभी कभार भारत भ्रमण के बहाने अपने पिता के परिवार जनों से मिलने कोलकाता आ जाती हैं।

कल्याण संदेश

एक शहर में हैजे का प्रकोप हो गया था। यह रोग इस हद तक अपने पैर पसार चुका था कि दवाएँ और चिकित्सक कम पड़ गए। चारों ओर मृत्यु का तांडव हो रहा था। शहर के कुछ कर्मठ एवं सेवाभावी युवकों ने ऐसी विकट स्थिति में एक दल का गठन किया। यह दल शहर की निर्धन बस्तियों में जाकर रोगियों की सेवा करने लगा। ये लोग एक बार उस हैजाग्रस्त बस्ती में गए, जहाँ का एक कुख्यात बदमाश हैदर खाँ उनका घोर विरोधी था। हैदर खाँ का परिवार भी हैजे के प्रकोप से नहीं बच सका। सेवाभावी पुरुषों की टोली उसके टूटे-फूटे मकान में भी पहुँची और बीमार लोगों की सेवा में लग गई। उन युवकों ने अस्वस्थ हैदर खाँ के मकान की सफाई की, रोगियों को दवा दी और उनकी हर प्रकार से सेवा की। हैदर खाँ के सभी परिजन धीरे-धीरे भले-चंगे हो गए।

हैदर खाँ को अपनी गलती का एहसास हुआ। उन युवकों से हाथ जोड़कर क्षमा माँगते हुए हैदर खाँ ने कहा मैं बहुत बड़ा पापी हूँ। मैंने आप लोगों का बहुत विरोध किया, किंतु आपने मेरे परिवार को जीवनदान दिया। सेवादल के मुखिया ने उसे अत्यंत स्नेह से समझाया आप इतना क्यों दुखी हो रहे हैं? आपका घर गंदा था, इस कारण रोग घर में आ गया और आपको इतनी परेशानी उठानी पड़ी। हमने तो बस घर की गंदगी ही साफ की है। तब हैदर खाँ बोला- केवल घर ही नहीं अपितु मेरा मन भी गंदा था, आपकी सेवा ने दोनों का मैल साफ कर दिया है। सुभाषचंद्र बोस इस सेवादल के ऊर्जावान नेता थे जिन्होंने सेवा की नई इबारत लिखकर समाज को यह महान संदेश दिया कि मानव जीवन तभी सार्थक होता है, जब वह दूसरों के कल्याण हेतु काम आए। वही मनुष्य सही मायनों में कसौटी पर खरा उतरता है।

देश सेवा

बोस जी नौकरी छोड़ कर भारत आ गए। तब 23 वर्ष का नवयुवक विदेश से स्वदेशी बनकर लौटा। पूरा देश इस समय किसी नेतृत्व की प्रतीक्षा कर रहा था। पूरे देश को सुभाष अपने साथ ले चल पड़े। वे गाँधी जी से मिले। उनके विचार जाने, पर उनको यह बात समझ नहीं आई कि आन्दोलनकारी हँसते-हँसते लाठियाँ खा लेंगे। कब तक? वे चितरंजन दास जी के पास गए। उन्होंने सुभाष को देश को समझने और जानने के लिए कहा। सुभाष देश भर में घूमें और निष्कर्ष निकालते हुए कहा–

"हमारी सामाजिक स्थिति बदतर है, जाति-पाँति तो है ही, गरीब और अमीर की खाई भी समाज को बाँटे हुए हैं। निरक्षरता देश के लिए सबसे बड़ा अभिशाप है। इसके लिए संयुक्त प्रयासों की आवश्यकता है।"

कांग्रेस के अधिवेशन में सुभाष चंद्र बोस ने कहा-

"मैं अंग्रेजों को देश से निकालना चाहता हूँ। मैं अहिंसा में विश्वास रखता हूँ किन्तु इस रास्ते पर चलकर स्वतंत्रता काफी देर से मिलने की आशा है।"

क्रान्तिकारियों को बोस ने सशक्त बनने के लिए कहा। वे चाहते थे कि अंग्रेज भयभीत होकर भाग खड़े हों। वे देश सेवा के काम पर लग गए। दिन देखा ना रात। उनकी सफलता देख देशबन्धु ने कहा था–

"मैं एक बात समझ गया हूँ कि तुम देश के लिए रत्न सिद्ध होगे।"

अंग्रेजों का दमन चक्र बढ़ता गया। बंगाल का शेर दहाड़ उठा–दमन चक्र की गति जैसे-जैसे बढ़ेगी, उसी अनुपात में हमारा आन्दोलन बढ़ेगा। यह तो एक मुकाबला है जिसमें जीत जनता की ही होगी। अंग्रेज जान गए कि जब तक सुभाष, दीनबन्धु, मौलाना और आजाद गिरफ्तार नहीं होते, स्थिति में सुधार नहीं हो सकता। अंग्रेजों ने कहा–सबसे अधिक खतरनाक व्यक्तित्व सुभाष का है। इसने पूरे बंगाल को जीवित कर दिया है।

सिद्धांत

सुभाषचंद्र बोस एक महान नेता थे। नेता अपने सिद्धांतों से कभी समझौता नहीं करते, पर उनमें विरोधियों को साथ लेकर चलने का महान गुण होता है। सो, नेता जी में यह गुण कूट-कूट कर भरा था। दरअसल, भारतीय स्वतंत्रता संग्राम में अलग-अलग विचारों के दल थे। जाहिर तौर पर महात्मा गाँधी को उदार विचारों वाले

दल का प्रतिनिधि माना जाता था। वहीं नेताजी अपने जोशीले स्वभाव के कारण क्रांतिकारी विचारों वाले दल में थे।

यही कारण था कि महात्मा गाँधी और सुभाष चंद्र बोस के विचार भिन्न-भिन्न थे। लेकिन वे यह अच्छी तरह जानते थे कि महात्मा गाँधी और उनका मकसद एक है, यानी देश की आजादी। वे यह भी जानते थे कि महात्मा गाँधी ही देश के राष्ट्रपिता कहलाने के सचमुच हकदार हैं।

सबसे पहले गाँधी जी को राष्ट्रपिता कहने वाले नेताजी ही थे।

युद्ध के दौरान बर्लिन में

इतिहासकार रोमेन हायेस के अनुसार, जर्मनी के विदेश विभाग ने सुभाषचन्द्र बोस के लिये आलीशान आवास, नौकर-चाकर, रसोइये और ड्राइवर समेत कार की व्यवस्था की हुई थी। एमिली शेंकल बोस के साथ खुलेआम घूमती थीं। जर्मन अधिकारी दोनों के सम्बन्धों से भली-भाँति परिचित थे, फिर भी उन्होंने कोई रोक नहीं लगायी। फरवरी 1943 में बोस अपनी बेटी को एमिली के पास छोड़कर जर्मन पनडुब्बी से जापान अधिकृत दक्षिणी एशिया में जा पहुँचे। वहाँ उन्होंने आजाद हिन्द फौज का गठन किया। सुभाष जापान के सहयोग से हिन्दुस्तान को सीधी सैन्य कार्रवाई करके मुक्त कराना चाहते थे। अपने इस अभियान में वे सफलतापूर्वक आगे बढ़ रहे थे कि उनका विमान ताइपेई (ताइवान) में 18 अगस्त, 1945 को दुर्घटनाग्रस्त हो गया। इतिहासकारों के अनुसार उस समय सुभाष मंचूरियन पेनिनसुला की ओर जा रहे थे।

बाद का जीवन

शेंकल द्वितीय विश्वयुद्ध के बाद अपनी पुत्री अनिता सहित बच तो गयीं, किन्तु उसे अपने पति सुभाषचन्द्र बोस या उनके परिवारजनों की ओर से न तो कोई सहायता मिली और न ही किसी ने उससे कोई सम्पर्क करने की कोशिश की। शादी के बाद नौ सालों में मुश्किल से शेंकल यही कोई तीन से कम साल तक बोस के साथ रहीं। इससे उसके दिमाग पर काफी तनाव रहा, लेकिन मुश्किल के दिनों में उसने किसी से कोई शिकायत नहीं की।

युद्ध की समाप्ति के बाद शेंकल ने तारघर में नौकरी करके अपना व अपनी पुत्री का पालन-पोषण किया। 1950 और 60 के दशक में सुभाषचन्द्र बोस के

परिवार के लोगों ने उनका हालचाल पूछा। इससे उन्हें काफी कष्ट हुआ। हालांकि सुभाष के भाई शरत चन्द्र बोस जब उससे पहली बार ऑस्ट्रिया मिलने गये तो उसने उनका गर्मजोशी के साथ स्वागत किया था। शेंकल 1996 तक जीवित रही। उनकी बेटी अनिता के अनुसार शेंकल ने सुभाषचन्द्र बोस के साथ अपने सम्बन्धों को कभी सार्वजनिक नहीं किया। वह अपने पति का नाम गुप्त रखकर ही इस दुनिया से चली गयीं।

पुत्री अनिता बोस फाफ

अनिता बोस फाफ एक जर्मन अर्थशास्त्री हैं। वह ऑग्सबर्ग यूनीवर्सिटी में प्रोफेसर रह चुकी हैं। इस समय वह अपने पति प्रो. मार्टिन फाफ के साथ उनकी जर्मन सोशल डिमोक्रेटिक पार्टी में सक्रिय रहती हैं।

भारतीय स्वतन्त्रता संग्राम के अग्रणी नेता सुभाष चन्द्र बोस और उनकी ऑस्ट्रियन पत्नी एमिली शेंकल की एकमात्र सन्तान हैं। जब उनके पिता सन् 1934 में वियेना अपना इलाज कराने गये थे, उस समय उन्हें वहाँ काफी समय तक ठहरना पड़ा। उन दिनों एक किताब लिखने के लिये उन्हें अंग्रेजी जानने वाली एक महिला सचिव की जरूरत हुई। इसके लिये उन्होंने जून 1934 में एमिली शेंकल को अपना सचिव नियुक्त कर लिया।

बोस और एमिली एक दूसरे के नजदीक आ गये और उन्होंने आपस में शादी कर ली। उन दोनों के संसर्ग से अनीता का जन्म हुआ। अगस्त, 1945 में जब बोस का विमान दुर्घटना में देहान्त हुआ, उस समय अनीता बहुत छोटी बच्ची थी। दुर्घटना से पूर्व सुभाष अपनी पुत्री को देख आये थे। अनिता बोस नाम उन्होंने ही दिया था। परन्तु सुभाष अनिता की परवरिश न कर सके। इस कारण वियेना में लोग उसे अनिता शेंकल फाफ के नाम से जानने लगे।

संक्षिप्त जीवनी

अनिता का जन्म नवम्बर 1942 में ऑस्ट्रियन महिला एमिली शेंकल और भारतीय स्वतन्त्रता संग्राम के नेता सुभाष चन्द्र बोस के संसर्ग से वियेना में हुआ था। अनिता के पिता भारतीय राजनीति में दुर्घटना के शिकार हो गये जिस कारण उसकी पूरी देखरेख माँ एमिली शैंकल की छत्रछाया में हुई। माँ के साथ रहने के कारण वियेना में लोग उसे अनिता शेंकल फाफ के नाम से जानने लगे।

अपनी शिक्षा पूर्ण करने के बाद अनिता ने प्रोफेसर मार्टिन फाफ के साथ विवाह कर लिया। उनके पति बुण्डेस्टैग जर्मनी की संसद के सदस्य थे और जर्मन सोशल डिमोक्रेटिक पार्टी से सम्बन्ध रखते थे। उन दोनों के एक बेटा व दो बेटियाँ कुल तीन बच्चे हैं। बेटे का नाम है पीटर अरुण और बेटियों का नाम थॉमस कृष्णा व माया कैरीना है। अनिता अपने पति की जर्मन सोशल डिमोक्रेटिक पार्टी में सहयोग करती रहती हैं।

कैरियर

अनिता ने ऑग्सबर्ग यूनिवर्सिटी में अर्थशास्त्र की प्रवक्ता के रूप में शिक्षण कार्य प्रारम्भ किया और प्रोफेसर के पद से रिटायर हुई। उन्होंने अपने पिता की जीवनी पर आधारित एक पुस्तक 'नेताजी सुभाषचन्द्र बोस एण्ड जर्मनी' अंग्रेजी में लिखी है। यह पुस्तक नेताजी के अन्य जीवनी लेखकों से काफी विचार विनिमय के पश्चात् लिखी गयी है। इस पुस्तक में सुभाषचन्द्र बोस और स्वतन्त्रता संग्राम से सम्बन्धित कुछ तथ्य बहुत ही रोचक हैं। इस पुस्तक की पहली प्रति उन्होंने भारत आकर यहाँ के राष्ट्रपति प्रणव मुखर्जी के हाथों में 6 फरवरी, 2013 को नई दिल्ली स्थित राष्ट्रपति भवन में स्वयं भेंट की थी। पुस्तक का प्रकाशन इण्डो जर्मन सोसायटी ऑफ इण्डिया के सौजन्य से हुआ है।

सर्वकालिक नेता

नेताजी सुभाष चंद्र बोस सर्वकालिक नेता थे, जिनकी जरूरत कल थी, आज है और आने वाले कल में भी होगी। वह ऐसे वीर सैनिक थे, इतिहास जिनकी गाथा गाता रहेगा। उनके विचार, कर्म और आदर्श अपनाकर राष्ट्र वह सब कुछ हासिल कर सकता है, जिसका वह हकदार है। सुभाष चंद्र बोस स्वतंत्रता समर के अमर सेनानी, मां भारती के सच्चे सपूत थे। नेताजी भारतीय स्वाधीनता संग्राम के उन योद्धाओं में से एक थे, जिनका नाम और जीवन आज भी करोड़ों देशवासियों को मातृभमि के लिए समर्पित होकर कार्य करने की प्रेरणा देता है। उनमें नेतृत्व के चमत्कारिक गुण थे, जिनके बल पर उन्होंने आजाद हिंद फौज की कमान संभाल कर अंग्रेजों को भारत से निकाल बाहर करने के लिए एक मजबूत सशस्त्र प्रतिरोध खड़ा करने में सफलता हासिल की थी। नेताजी के जीवन से यह भी सीखने को मिलता है कि हमें देश सेवा से ही जन्मदायिनी मिट्टी का कर्ज उतार सकते हैं।

उन्होंने अपने परिवार के बारे में न सोचकर पूरे देश के बारे में सोचा। नेताजी के जीवन के कई और पहलू हमें एक नई ऊर्जा प्रदान करते हैं। वे एक सफल संगठनकर्ता थे। उनकी वाक्य शैली में जादू था और उन्होंने देश से बाहर रहकर स्वतंत्रता आंदोलन चलाया। नेताजी मतभेद होने के बावजूद भी अपने साथियों का मान सम्मान रखते थे। उनकी व्यापक सोच आज की राजनीति के लिए भी सोचनीय विषय है।

2

स्वतन्त्रता संग्राम में प्रवेश और कार्य

कोलकाता के स्वतन्त्रता सेनानी देशबंधु चित्तरंजन दास के कार्य से प्रेरित होकर सुभाष दास बाबू के साथ काम करना चाहते थे। इंग्लैंड से उन्होंने दास बाबू को खत लिखकर उनके साथ काम करने की इच्छा प्रकट की। रवींद्रनाथ ठाकुर की सलाह के अनुसार भारत वापस आने पर वे सर्वप्रथम मुम्बई गये और महात्मा गाँधी से मिले। मुम्बई में गाँधी जी मणिभवन में निवास करते थे। वहाँ 20 जुलाई, 1921 को गाँधी और सुभाष के बीच पहली मुलाकात हुई। गाँधीजी ने उन्हें कोलकाता जाकर दास बाबू के साथ काम करने की सलाह दी। इसके बाद सुभाष कोलकाता आकर दास बाबू से मिले।

उन दिनों गाँधी ने अंग्रेज सरकार के खिलाफ असहयोग आंदोलन चला रखा था। दास बाबू इस आन्दोलन का बंगाल में नेतृत्व कर रहे थे। उनके साथ सुभाष इस आन्दोलन में सहभागी हो गये। 1922 में दास बाबू ने कांग्रेस के अन्तर्गत स्वराज पार्टी की स्थापना की। विधानसभा के अन्दर से अंग्रेज सरकार का विरोध करने के लिये कोलकाता महापालिका का चुनाव स्वराज पार्टी ने लड़कर जीता और दास बाबू कोलकाता के महापौर बन गये। उन्होंने सुभाष को महापालिका का प्रमुख कार्यकारी अधिकारी बनाया। सुभाष ने अपने कार्यकाल में कोलकाता महापालिका का पूरा ढाँचा और काम करने का तरीका ही बदल डाला। कोलकाता में सभी रास्तों के अंग्रेजी नाम बदलकर उन्हें भारतीय नाम दिये गये। स्वतन्त्रता

संग्राम में प्राण न्यौछावर करने वालों के परिवारजनों को महापालिका में नौकरी मिलने लगी।

बहुत जल्द ही सुभाष देश के एक महत्वपूर्ण युवा नेता बन गये। जवाहरलाल नेहरू के साथ सुभाष ने कांग्रेस के अन्तर्गत युवकों की इण्डिपेण्डेंस लीग शुरू की। 1928 में जब साइमन कमीशन भारत आया, तब कांग्रेस ने उसे काले झण्डे दिखाये। कोलकाता में सुभाष ने इस आन्दोलन का नेतृत्व किया। साइमन कमीशन को जवाब देने के लिये कांग्रेस ने भारत का भावी संविधान बनाने का काम आठ सदस्यीय आयोग को सौंपा। मोतीलाल नेहरू इस आयोग के अध्यक्ष और सुभाष उसके एक सदस्य थे। इस आयोग ने नेहरू रिपोर्ट पेश की। 1928 में कांग्रेस का वार्षिक अधिवेशन मोतीलाल नेहरू की अध्यक्षता में

कोलकाता में हुआ। इस अधिवेशन में सुभाष ने खाकी गणवेश धारण करके मोतीलाल नेहरू को सैन्य तरीके से सलामी दी। गाँधीजी उन दिनों पूर्ण स्वराज्य की माँग से सहमत नहीं थे। इस अधिवेशन में उन्होंने अंग्रेज सरकार से डोमिनियन स्टेटस माँगने की ठान ली थी। लेकिन सुभाष बाबू और जवाहरलाल नेहरू को पूर्ण स्वराज की माँग से पीछे हटना मंजूर नहीं था। अन्त में यह तय किया गया कि अंग्रेज सरकार को डोमिनियन स्टेटस देने के लिये एक साल का वक्त दिया जाये। अगर एक साल में अंग्रेज सरकार ने यह माँग पूरी नहीं की तो कांग्रेस पूर्ण स्वराज की माँग करेगी। परन्तु अंग्रेज सरकार ने यह माँग पूरी नहीं की। इसलिये 1930 में जब कांग्रेस का वार्षिक अधिवेशन जवाहरलाल नेहरू की अध्यक्षता में लाहौर में हुआ, तब ऐसा तय किया गया कि 26 जनवरी का दिन स्वतन्त्रता दिवस के रूप में मनाया जायेगा।

26 जनवरी, 1931 को कोलकाता में राष्ट्र ध्वज फहराकर सुभाष एक विशाल मोर्चे का नेतृत्व कर रहे थे, तभी पुलिस ने उन पर लाठी चलायी और उन्हें घायल कर जेल भेज दिया। जब सुभाष जेल में थे तब गाँधीजी ने अंग्रेज सरकार से समझौता किया और सब कैदियों को रिहा करवा दिया। लेकिन अंग्रेज सरकार ने भगत सिंह जैसे क्रान्तिकारियों को रिहा करने से साफ इन्कार कर दिया। भगत सिंह की फाँसी माफ कराने के लिये गाँधी ने सरकार से बात तो की परन्तु नरमी के साथ। सुभाष चाहते थे कि इस विषय पर गाँधीजी अंग्रेज सरकार के साथ किया गया समझौता तोड़ दें। लेकिन गाँधी अपनी ओर से दिया गया वचन तोड़ने को राजी नहीं थे। अंग्रेज सरकार अपने स्थान पर अड़ी रही और भगत सिंह व उनके साथियों को फाँसी दे दी गयी। भगत सिंह को न बचा पाने पर सुभाष गाँधी और कांग्रेस के तरीकों से बहुत नाराज हो गये।

गाँधीजी से पहली मुलाकात

सुभाषचन्द्र बोस कोलकाता के स्वतंत्रता सेनानी देशबंधु चित्तरंजन दास के कार्यों से प्रेरित थे। वह दास बाबू के साथ काम करना चाहते थे अतः उन्होंने इंग्लैंड से उन्हें पत्र लिखकर उनके साथ काम करने की इच्छा प्रकट की। रवींद्रनाथ ठाकुर की सलाह के मुताबिक भारत वापस आने पर वह सर्वप्रथम मुम्बई गये और महात्मा गाँधी से मुलाकात की। उस समय गाँधी जी मुम्बई के मणिभवन में निवास करते थे। वहाँ, 20 जुलाई, 1921 को महात्मा गाँधी और सुभाषचंद्र बोस के बीच पहली बार मुलाकात हुई। गाँधीजी ने भी उन्हें

कोलकाता जाकर दासबाबू के साथ काम करने की सलाह दी। इसके बाद बोस ने दासबाबू से भेंट की।

कांग्रेस के स्वयं सेवक

गाँधी जी द्वारा असहयोग आंदोलन बीच में ही रोक देने के कारण सुभाष उनसे दुःखी हुए। कालान्तर में वे देशबन्धु चितरंजन दास के करीब आये तथा उनके विश्वासपात्र एवं अनन्य सहयोगी बनने का गौरव प्राप्त किया। वहीं पर सुभाषचंद्र बोस एक युवा प्रशिक्षक, पत्रकार व बंगाल कांग्रेस के स्वयंसेवक बने। 1923 ई. में चितरंजन दास द्वारा गठित स्वराज्य पार्टी का सुभाष चन्द्र बोस ने समर्थन किया। 1923 ई. में जब चितरंजन दास ने कलकत्ता नगर निगम के मेयर का कार्यभार संभाला तो उन्होंने सुभाष को निगम के मुख्य कार्यपालिका अधिकारी पद पर नियुक्त किया। 25 अक्टूबर, 1924 ई. को उन्हें गिरफ्तार कर बर्मा (वर्तमान म्यांमार) की माण्डले जेल में बंद कर दिया गया। सन् 1927 ई. में रिहा होने पर बोस कलकत्ता लौट आए, जहाँ चितरंजन दास की मृत्यु के बाद उन्हें अस्त-व्यस्त कांग्रेस मिली। उन्होंने कांग्रेस के उदारवादी दल की आलोचना की। 1928 ई. में प्रस्तुत नेहरू रिपोर्ट के विरोध में उन्होंने एक अलग पार्टी इण्डिपेन्डेन्ट लीग की स्थापना की। 1928 ई. में भारतीय राष्ट्रीय कांग्रेस के कलकत्ता अधिवेशन में उन्होंने विषय समिति में नेहरू रिपोर्ट द्वारा अनुमोदित प्रादेशिक स्वायत्ता के प्रस्ताव का डटकर विरोध किया। 1931 ई. में हुए गाँधी-इरविन समझौते का भी सुभाष ने विरोध किया। सुभाष उग्र विचारों के समर्थक थे। उन्हें ऑल इण्डियन यूनियन कांग्रेस एवं यूथ कांग्रेस का भी अध्यक्ष बनाया गया था।

गाँधीजी ने भी उनकी देश की आजादी के प्रति लड़ने की भावना देखकर ही उन्हें देशभक्तों का देशभक्त कहा था।

कांग्रेस के अध्यक्ष

गाँधी जी कांग्रेस में फिर से सक्रिय हो गए और बोस बंगाल कांग्रेस के अध्यक्ष चुन लिए गए। सन् 1930 ई. में जब सविनय अवज्ञा आन्दोलन शुरू हुआ, बोस कारावास में थे। रिहा और फिर से गिरफ्तार होने व अंततः एक वर्ष की नजरबंदी के बाद उन्हें यूरोप जाने की आज्ञा दे दी गई। निर्वासन काल में, उन्होंने द इंडियन स्ट्रगल और यूरोपीय नेताओं से भारत पक्ष की पैरवी की। सन् 1936 ई. में यूरोप से लौटने पर उन्हें फिर एक वर्ष के लिए गिरफ्तार कर लिया गया। सन् 1938 ई.

में भारतीय राष्ट्रीय क़ांग्रेस का अध्यक्ष निर्वाचित होने के बाद उन्होंने राष्ट्रीय योजना आयोग का गठन किया, जिसने औद्योगिक नीति को सूत्रबद्ध किया।

अध्यक्ष पद से इस्तीफा

यह नीति गाँधीवादी आर्थिक विचारों के अनुकूल नहीं थी, जो प्रतीक रूप में चरखे में निष्ठा रखती थी। सन् 1939 ई. में बोस के प्रति समर्थन की अभिव्यक्ति एक गाँधीवादी प्रतिद्वंद्वी को दुबारा हुए चुनाव में हरा देने के रूप में प्रकट हुई। लेकिन गाँधी जी के विरोध के चलते इस 'विद्रोही अध्यक्ष' ने इस्तीफा देने की आवश्यकता महसूस की।

फारवर्ड ब्लॉक की स्थापना

सुभाष चंद्र बोस ने गरमपंथी तत्वों को साथ जुटाने की उम्मीद में फारवर्ड ब्लॉक की स्थापना की, लेकिन सन् 1940 ई. में वह पुनः बंदी बना लिए गए। भारतीय इतिहास की इस नाजुक घड़ी में बंदी बने रहने से उनका इन्कार आमरण अनशन के निर्णय के रूप में अभिव्यक्त हुआ, जिससे घबराकर ब्रिटिश सरकार ने उन्हें रिहा कर दिया। कड़ी निगरानी के बावजूद वह 26 जनवरी, सन् 1941 ई. को अपने कलकत्ता के आवास से वेश बदलकर निकल भागे और काबुल व मॉस्को के रास्ते अंततः अप्रैल में जर्मनी पहुँच गए।

नेहरू जी के साथ शुरू की इंडिपेंडन्स लीग

अपने कार्य से बोस बहुत ही जल्द एक महत्वपूर्ण युवा नेता बन गए। पंडित जवाहरलाल नेहरू के साथ बोस ने कांग्रेस के अंतर्गत युवकों की इंडिपेंडन्स लीग शुरू की। वर्ष 1928 में जब साइमन कमीशन भारत आया, तब कांग्रेस ने उसे काले झंडे दिखाए। कोलकाता में बोस ने इस आंदोलन का नेतृत्व किया था। साइमन कमीशन को जवाब देने के लिए, कांग्रेस ने भारत का भावी संविधान बनाने का काम 8 सदस्यीय आयोग को सौंपा। पंडित मोतीलाल नेहरू इस आयोग के अध्यक्ष और बोस उसके एक सदस्य थे।

नहीं बचा सके भगत सिंह को

26 जनवरी, 1931 को कोलकाता में राष्ट्रध्वज फैलाकर बोस ने एक विशाल मोर्चा का नेतृत्व किया। इस दौरान पुलिस ने उन पर लाठी चलायी, जिससे वह

घायल हो गए। जब बोस जेल में थे, तब गाँधीजी ने अंग्रेज सरकार से समझौता किया और सब कैदियों को रिहा किया गया, लेकिन अंग्रेजों ने सरदार भगत सिंह को रिहा करने से इनकार कर दिया। यही नहीं भगत सिंह की फांसी माफ कराने के लिए गाँधीजी ने सरकार से बात भी की, लेकिन वह नहीं माने। बोस चाहते थे कि गाँधीजी, अंग्रेज सरकार के साथ किया गया समझौता तोड दें, लेकिन गाँधीजी इसके लिए राजी नहीं हुए। अंग्रेज सरकार भी अड़ी रही इसके चलते भगत सिंह और उनके साथियों को फांसी दे दी गई।

ब्रिटिश सरकार द्वारा नेताजी को खत्म करने का आदेश

एक आयरिश इतिहासकार यूनन ओ हैल्पिन का कहना है कि जब नेताजी ने जापान और जर्मनी से मदद लेने की कोशिश की तो ब्रितानी सरकार ने उन्हें खत्म करने का आदेश दिया। ओ हैल्पिन ब्रितानी खूफिया सेवाओं पर पहले भी कई किताबें लिख चुके हैं।

उनका कहना है कि ब्रितानी खूफिया सेवा के अधिकारियों को आदेश दिया गया था कि मध्य पूर्व से होकर जर्मनी जाने की कोशिश कर रहे नेताजी को बीच रास्ते में ही खत्म कर दिया जाए। लेकिन वे अपने इस मंसूबे में सफल नहीं हो पाए। माना जाता है कि नेताजी की मौत 1945 में ताईवान में एक विमान दुर्घटना में हो गई, हालाँकि इस पर भी लंबे समय से विवाद चलता रहा है।

ओ हैल्पिन का कहना है कि जब ब्रितानी सरकार को पता चल गया कि नेताजी दुश्मन देशों की मदद लेकर ब्रितानी हुकूमत को उखाड़ फेंकना चाहते हैं तो खूफिया अधिकारियों को स्पष्ट आदेश दिए गए कि उन्हें मार डाला जाए।

कोलकाता में एक भाषण में ओ हैल्पिन ने गुप्त दस्तावेजों का हवाला देते हुए अपनी बात कही, उन्होंने बताया कि ब्रितानी एजेंट इस बात को लेकर परेशान थे कि नेताजी आखिर कहाँ हैं, वे जनवरी, 1941 में अचानक लापता हो गए थे।

हैल्पिन ने बताया, खुफिया एजेंटों ने सोचा कि नेताजी सुदूर पूर्व की तरफ गए हैं लेकिन एक इतालवी संदेश से उन्हें पता चला कि वे काबुल में हैं और मध्य पूर्व के रास्ते जर्मनी जाने की तैयारी कर रहे हैं।

इसके बाद तुर्की में तैनात दो जासूसों को लंदन स्थित मुख्यालय से निर्देश दिया गया कि वे सुभाष चंद्र बोस को जर्मनी पहुँचने से पहले खत्म कर दें।

हैल्पिन का कहना है कि जासूस नेताजी तक नहीं पहुँच पाए क्योंकि वे मध्य एशिया होते हुए रूस के रास्ते जर्मनी पहुँच गए।

हैल्पिन का कहना है कि ब्रितानी सरकार बोस को लेकर बहुत चिंतित थी और उन्हें एक गंभीर खतरे के रूप में देख रही थी।

नेताजी के जीवन पर शोध करने वाले इतिहासकारों का कहना है कि इस नई जानकारी के सामने आने से भारतीय स्वतंत्रता आंदोलन के सबसे करिश्माई नेताओं में से एक, सुभाष चंद्र बोस के रहस्यमय जीवन में एक अध्याय जुड़ गया है।

कोलकाता की प्रमुख इतिहासकार लिपि घोष का कहना है कि अंग्रेजों ने बोस से मिलने वाली चुनौती का सही आकलन किया था और इससे यह भी पता चलता है कि ब्रितानी हुकूमत उनसे कितना घबरा रही थी।

नेताजी के पड़पोते और हार्वर्ड यूनिवर्सिटी में इतिहास के प्रोफेसर सुगत बोस कहते हैं, उन्होंने जिस तरह से भारतीय सैनिकों की वफादारी को देश हित में और ब्रितानी हुकूमत के खिलाफ प्रेरित किया था, उनके पास ऐसा आखिरी कदम उठाने का कारण मौजूद था।

नेताजी ने हत्या की इस कोशिश को नाकाम करते हुए आजाद हिंद फौज का गठन किया और पूर्वोत्तर भारत में ब्रितानी सेना को चुनौती दी।

कारावास

अपने सार्वजनिक जीवन में सुभाष चन्द्र बोस को कुल 11 बार कारावास हुआ। सबसे पहले उन्हें 16 जुलाई, 1921 में छह महीने का कारावास हुआ। 1925 में गोपीनाथ साहा नामक एक क्रान्तिकारी कोलकाता के पुलिस अधीक्षक चार्लस टेगार्ट को मारना चाहता था। उसने गलती से अर्नेस्ट डे नामक एक व्यापारी को मार डाला। इसके लिए उसे फाँसी की सजा दी गयी। गोपीनाथ को फाँसी होने के बाद सुभाष फूट-फूट कर रोये। उन्होंने गोपीनाथ का शव माँगकर उनका अन्तिम संस्कार किया। इससे अंग्रेज सरकार ने यह निष्कर्ष निकाला कि सुभाष ज्वलन्त क्रान्तिकारियों से न केवल सम्बन्ध ही रखते हैं, अपितु वे उन्हें उत्प्रेरित भी करते हैं। इसी बहाने अंग्रेज सरकार ने सुभाष को गिरफ्तार किया और बिना कोई मुकदमा चलाये उन्हें अनिश्चित काल के लिये म्याँमार के माण्डले कारागृह में बन्दी बनाकर भेज दिया।

5 नवम्बर, 1925 को देशबंधु चित्तरंजन दास कोलकाता में चल बसे। सुभाष ने उनकी मृत्यु की खबर माण्डले कारागृह में रेडियो पर सुनी। माण्डले कारागृह में

रहते समय सुभाष की तबियत बहुत खराब हो गयी। उन्हें तपेदिक हो गया। परन्तु अंग्रेज सरकार ने फिर भी उन्हें रिहा करने से इन्कार कर दिया। सरकार ने उन्हें रिहा करने के लिए यह शर्त रखी कि वे इलाज के लिये यूरोप चले जायें। लेकिन सरकार ने यह स्पष्ट नहीं किया कि इलाज के बाद वे भारत कब लौट सकते हैं। इसलिए सुभाष ने यह शर्त स्वीकार नहीं की। आखिर में परिस्थिति इतनी कठिन हो गयी कि जेल अधिकारियों को यह लगने लगा कि शायद वे कारावास में ही न मर जायें। अंग्रेज सरकार यह खतरा भी नहीं उठाना चाहती थी कि सुभाष की कारागृह में मृत्यु हो जाये। इसलिये सरकार ने उन्हें रिहा कर दिया। उसके बाद सुभाष इलाज के लिये डलहौजी चले गये।

सन् 1930 में सुभाष कारावास में ही थे कि चुनाव में उन्हें कोलकाता का महापौर चुना गया। इसलिए सरकार उन्हें रिहा करने पर मजबूर हो गयी। 1932 में सुभाष को फिर से कारावास हुआ। इस बार उन्हें अल्मोड़ा जेल में रखा गया। अल्मोड़ा जेल में उनकी तबियत फिर से खराब हो गयी। चिकित्सकों की सलाह पर सुभाष इस बार इलाज के लिये यूरोप जाने को राजी हो गये।

यूरोप प्रवास

सन् 1933 से लेकर 1936 तक सुभाष यूरोप में रहे। यूरोप में सुभाष ने अपनी सेहत का ख्याल रखते हुए अपना कार्य बदस्तूर जारी रखा। वहाँ वे इटली के नेता मुसोलिनी से मिले, जिन्होंने उन्हें भारत के स्वतन्त्रता संग्राम में सहायता करने का वचन दिया। आयरलैंड के नेता डी वलेरा सुभाष के अच्छे दोस्त बन गये। जिन दिनों सुभाष यूरोप में थे उन्हीं दिनों जवाहरलाल नेहरू की पत्नी कमला नेहरू का ऑस्ट्रिया में निधन हो गया। सुभाष ने वहाँ जाकर जवाहरलाल नेहरू को सान्त्वना दी।

बाद में सुभाष यूरोप में विठ्ठल भाई पटेल से मिले। विठ्ठल भाई पटेल के साथ सुभाष ने मन्त्रणा की जिसे पटेल-बोस विश्लेषण के नाम से प्रसिद्धि मिली। इस विश्लेषण में उन दोनों ने गाँधी के नेतृत्व की जमकर निन्दा की। उसके बाद विठ्ठल भाई पटेल जब बीमार हो गये तो सुभाष ने उनकी बहुत सेवा की। मगर विठ्ठल भाई पटेल नहीं बचे, उनका निधन हो गया।

विठ्ठल भाई पटेल ने अपनी वसीयत में अपनी सारी सम्पत्ति सुभाष के नाम कर दी। मगर उनके निधन के पश्चात् उनके भाई सरदार वल्लभ भाई पटेल ने इस वसीयत को स्वीकार नहीं किया। सरदार पटेल ने इस वसीयत

को लेकर अदालत में मुकदमा चलाया। यह मुकदमा जीतने पर सरदार वल्लभ भाई पटेल ने अपने भाई की सारी सम्पत्ति गाँधी के हरिजन सेवा कार्य को भेंट कर दी।

सन् 1934 में सुभाष को उनके पिता को मृत्युशय्या पर होने की खबर मिली। खबर सुनते ही वे हवाई जहाज से कराची होते हुए कोलकाता लौटे। यद्यपि कराची में ही उन्हें पता चल गया था कि उनके पिता की मृत्यु हो चुकी है, फिर भी वे कोलकाता गये। कोलकाता पहुँचते ही अंग्रेज सरकार ने उन्हें गिरफ्तार कर लिया और कई दिन जेल में रखकर वापस यूरोप भेज दिया।

हरीपुरा कांग्रेस का अध्यक्ष पद

सन् 1938 में कांग्रेस का वार्षिक अधिवेशन हरिपुरा में होना तय हुआ। इस अधिवेशन से पहले गाँधी जी ने कांग्रेस अध्यक्ष पद के लिए सुभाष को चुना। यह कांग्रेस का 51वाँ अधिवेशन था। इसलिए कांग्रेस अध्यक्ष सुभाष चन्द्र बोस का स्वागत 51 बैलों द्वारा खींचे हुए रथ में किया गया।

इस अधिवेशन में सुभाष का अध्यक्षीय भाषण बहुत ही प्रभावी हुआ। किसी भी भारतीय राजनीतिक व्यक्ति ने शायद ही इतना प्रभावी भाषण कभी दिया हो। अपने अध्यक्षीय कार्यकाल में सुभाष ने योजना आयोग की स्थापना की। जवाहरलाल नेहरू इसके पहले अध्यक्ष बनाये गये। सुभाष ने बंगलौर में मशहूर वैज्ञानिक सर विश्वेश्वरय्या की अध्यक्षता में एक विज्ञान परिषद की स्थापना भी की।

सन् 1937 में जापान ने चीन पर आक्रमण कर दिया। सुभाष की अध्यक्षता में कांग्रेस ने चीनी जनता की सहायता के लिये डॉ.द्वारकानाथ कोटनिस के नेतृत्व में चिकित्सकीय दल भेजने का निर्णय लिया। आगे चलकर जब सुभाष ने भारत के स्वतन्त्रता संग्राम में जापान से सहयोग किया, तब कई लोग उन्हें जापान की कठपुतली और फासिस्ट कहने लगे। मगर इस घटना से यह सिद्ध होता है कि सुभाष न तो जापान की कठपुतली थे और न ही वे फासिस्ट विचारधारा से सहमत थे।

कांग्रेस के अध्यक्ष पद से इस्तीफा

सन् 1938 में गाँधीजी ने कांग्रेस अध्यक्ष पद के लिए सुभाष को चुना तो था, मगर उन्हें सुभाष की कार्यपद्धति पसन्द नहीं आयी। इसी दौरान यूरोप में द्वितीय

विश्वयुद्ध के बादल छा गए थे। सुभाष चाहते थे कि इंग्लैंड की इस कठिनाई का लाभ उठाकर भारत का स्वतन्त्रता संग्राम अधिक तीव्र किया जाये। उन्होंने अपने अध्यक्षीय कार्यकाल में इस ओर कदम उठाना भी शुरू कर दिया था, परन्तु गाँधीजी इससे सहमत नहीं थे।

सन् 1939 में जब नया कांग्रेस अध्यक्ष चुनने का वक्त आया, तब सुभाष चाहते थे कि कोई ऐसा व्यक्ति अध्यक्ष बनाया जाये जो इस मामले में किसी दबाव के आगे बिल्कुल न झुके। ऐसा किसी दूसरे व्यक्ति के सामने न आने पर सुभाष ने स्वयं कांग्रेस अध्यक्ष बने रहना चाहा। लेकिन गाँधी जी उन्हें अध्यक्ष पद से हटाना चाहते थे। गाँधी जी ने अध्यक्ष पद के लिये पट्टाभि सीतारमैया को चुना। कविवर रवीन्द्रनाथ ठाकुर ने गाँधी जी को खत लिखकर सुभाष को ही अध्यक्ष बनाने की विनती की। प्रफुल्लचन्द्र राय और मेघनाद साहा जैसे वैज्ञानिक भी सुभाष को ही फिर से अध्यक्ष के रूप में देखना चाहते थे। लेकिन गाँधी जी ने इस मामले में किसी की बात नहीं मानी। कोई समझौता न हो पाने पर बहुत बरसों बाद कांग्रेस पार्टी में अध्यक्ष पद के लिये चुनाव हुआ।

सब समझते थे कि जब महात्मा गाँधी ने पट्टाभि सीतारमैय्या का साथ दिया है, तब वे चुनाव आसानी से जीत जायेंगे। लेकिन वास्तव में सुभाष को चुनाव में 1580 मत और सीतारमैय्या को 1377 मत मिले। गाँधीजी के विरोध के बावजूद सुभाष बाबू 203 मतों से चुनाव जीत गये। मगर चुनाव के नतीजे के साथ बात खत्म नहीं हुई। गाँधी जी ने पट्टाभि सीतारमैय्या की हार को अपनी हार बताकर अपने साथियों से कह दिया कि अगर वे सुभाष के तरीकों से सहमत नहीं हैं तो वे कांग्रेस से हट सकते हैं। इसके बाद कांग्रेस कार्यकारिणी के 14 में से 12 सदस्यों ने इस्तीफा दे दिया। जवाहरलाल नेहरू तटस्थ बने रहे और अकेले शरदबाबू सुभाष के साथ रहे।

सन् 1939 का वार्षिक कांग्रेस अधिवेशन त्रिपुरा में हुआ। इस अधिवेशन के समय सुभाष बाबू तेज बुखार से इतने बीमार हो गये थे कि उन्हें स्ट्रेचर पर लिटाकर अधिवेशन में लाना पड़ा। गाँधी जी स्वयं भी इस अधिवेशन में उपस्थित नहीं रहे और उनके साथियों ने भी सुभाष को कोई सहयोग नहीं दिया। अधिवेशन के बाद सुभाष ने समझौते के लिए बहुत कोशिश की लेकिन गाँधीजी और उनके साथियों ने उनकी एक न मानी। परिस्थिति ऐसी बन गयी कि सुभाष कुछ काम ही नहीं कर पाये। आखिर में तंग आकर 29 अप्रैल, 1939 को सुभाष ने कांग्रेस अध्यक्ष पद से इस्तीफा दे दिया।

फॉरवर्ड ब्लॉक की स्थापना

3 मई, 1939 को सुभाष ने कांग्रेस के अन्दर ही फॉरवर्ड ब्लॉक के नाम से अपनी पार्टी की स्थापना की। कुछ दिन बाद सुभाष को कांग्रेस से ही निकाल दिया गया। बाद में फॉरवर्ड ब्लॉक अपने आप एक स्वतन्त्र पार्टी बन गयी। द्वितीय विश्वयुद्ध शुरू होने से पहले से ही फॉरवर्ड ब्लॉक ने स्वतन्त्रता संग्राम को और अधिक तीव्र करने के लिये जन जागृति शुरू की।

3 सितम्बर, 1939 को मद्रास में सुभाष को ब्रिटेन और जर्मनी में युद्ध छिड़ने की सूचना मिली। उन्होंने घोषणा की कि अब भारत के पास सुनहरा मौका है। उसे अपनी मुक्ति के लिये अभियान तेज कर देना चहिये। 8 सितम्बर, 1939 को युद्ध के प्रति पार्टी का रुख तय करने के लिये सुभाष को विशेष रूप से आमन्त्रित कर काँग्रेस कार्य समिति में बुलाया गया। उन्होंने अपनी राय के साथ यह संकल्प भी दोहराया कि अगर काँग्रेस यह काम नहीं कर सकती है तो फॉरवर्ड ब्लॉक अपने दम पर ब्रिटिश राज के खिलाफ युद्ध शुरू कर देगा।

अगले ही वर्ष जुलाई में कलकत्ता स्थित हालवेट स्तम्भ जो भारत की गुलामी का प्रतीक था, सुभाष की यूथ ब्रिगेड ने रातोंरात मिट्टी में मिला दिया। सुभाष के स्वयंसेवक उसकी नींव की एक-एक ईंट उखाड़ ले गये। यह एक प्रतीकात्मक शुरुआत थी। इसके माध्यम से सुभाष ने यह सन्देश दिया था कि जैसे उन्होंने यह स्तम्भ धूल में मिला दिया है, उसी तरह वे ब्रिटिश साम्राज्य की भी ईंट से ईंट बजा देंगे।

इसके परिणामस्वरूप अंग्रेज सरकार ने सुभाष सहित फॉरवर्ड ब्लॉक के सभी मुख्य नेताओं को कैद कर लिया। द्वितीय विश्वयुद्ध के दौरान सुभाष जेल में निष्क्रिय रहना नहीं चाहते थे। सरकार को उन्हें रिहा करने पर मजबूर करने के लिये सुभाष ने जेल में आमरण अनशन शुरू कर दिया। हालत खराब होते ही सरकार ने उन्हें रिहा कर दिया। मगर अंग्रेज सरकार यह भी नहीं चाहती थी कि सुभाष युद्ध के दौरान मुक्त रहें। इसलिये सरकार ने उन्हें उनके ही घर पर नजरबन्द करके बाहर पुलिस का कड़ा पहरा बिठा दिया।

नजरबन्दी से पलायन

नजरबन्दी से निकलने के लिये सुभाष ने एक योजना बनायी। 16 जनवरी, 1941 को वे पुलिस को चकमा देते हुए एक पठान मोहम्मद जियाउद्दीन के वेश

में अपने घर से निकले। शरदबाबू के बड़े बेटे शिशिर ने उन्हें अपनी गाड़ी से कोलकाता से दूर गोमोह तक पहुँचाया। गोमोह रेलवे स्टेशन से फ्रण्टियर मेल पकड़कर वे पेशावर पहुँचे। पेशावर में उन्हें फॉरवर्ड ब्लॉक के एक सहकारी, मियाँ अकबर शाह मिले। मियाँ अकबर शाह ने उनकी मुलाकात, किर्ती किसान पार्टी के भगतराम तलवार से करा दी। भगतराम तलवार के साथ सुभाष पेशावर से अफगानिस्तान की राजधानी काबुल की ओर निकल पड़े। इस सफर में भगतराम तलवार रहमत खान नाम के पठान और सुभाष उनके गूँगे-बहरे चाचा बने थे। पहाड़ियों में पैदल चलते हुए उन्होंने यह सफर पूरा किया।

काबुल में सुभाष दो महीनों तक उत्तमचन्द मल्होत्रा नामक एक भारतीय व्यापारी के घर में रहे। वहाँ उन्होंने पहले रूसी दूतावास में प्रवेश पाना चाहा। इसमें नाकामयाब रहने पर उन्होंने जर्मन और इटालियन दूतावासों में प्रवेश पाने की कोशिश की। इटालियन दूतावास में उनकी कोशिश सफल रही। जर्मन और इटालियन दूतावासों ने उनकी सहायता की। आखिर में आरलैण्डो मैजोन्टा नामक इटालियन व्यक्ति बनकर सुभाष काबुल से निकलकर रूस की राजधानी मास्को होते हुए जर्मनी की राजधानी बर्लिन पहुँचे।

नाजी जर्मनी में प्रवास एवं हिटलर से मुलाकात

पूर्वी एशिया पहुँचकर सुभाष ने सर्वप्रथम वयोवृद्ध क्रान्तिकारी रासबिहारी बोस से भारतीय स्वतन्त्रता परिषद का नेतृत्व सँभाला। सिंगापुर के एडवर्ड पार्क में रासबिहारी ने स्वेच्छा से स्वतन्त्रता परिषद का नेतृत्व सुभाष को सौंपा था।

जापान के प्रधानमन्त्री जनरल हिदेकी तोजो ने नेताजी के व्यक्तित्व से प्रभावित होकर उन्हें सहयोग करने का आश्वासन दिया। कई दिन पश्चात् नेताजी ने जापान की संसद (डायट) के सामने भाषण दिया।

21 अक्टूबर, 1943 के दिन नेताजी ने सिंगापुर में आर्जी-हुकूमते-आजाद-हिन्द (स्वाधीन भारत की अन्तरिम सरकार) की स्थापना की। वे खुद इस सरकार के राष्ट्रपति, प्रधानमन्त्री और युद्धमन्त्री बने। इस सरकार को कुल नौ देशों ने मान्यता दी। नेताजी आजाद हिन्द फौज के प्रधान सेनापति भी बन गये।

आजाद हिन्द फौज में जापानी सेना ने अंग्रेजों की फौज से पकड़े हुए भारतीय युद्धबन्दियों को भर्ती किया था। आजाद हिन्द फौज में औरतों के लिये झाँसी की रानी रेजिमेंट भी बनायी गयी।

पूर्वी एशिया में नेताजी ने अनेक भाषण देकर वहाँ के स्थायी भारतीय लोगों से आजाद हिन्द फौज में भर्ती होने और उसे आर्थिक मदद देने का आवाहन किया। उन्होंने अपने आवाहन में यह सन्देश भी दिया–तुम मुझे खून दो, मैं तुम्हें आजादी दूँगा।

द्वितीय विश्वयुद्ध के दौरान आजाद हिन्द फौज ने जापानी सेना के सहयोग से भारत पर आक्रमण किया। अपनी फौज को प्रेरित करने के लिये नेताजी ने दिल्ली चलो का नारा दिया। दोनों फौजों ने अंग्रेजों से अंडमान और निकोबार द्वीप जीत लिये। यह द्वीप आर्जी-हुकूमते-आजाद-हिन्द के अनुशासन में रहे। नेताजी ने इन द्वीपों को शहीद द्वीप और स्वराज द्वीप का नया नाम दिया। दोनों फौजों ने मिलकर इंफाल और कोहिमा पर आक्रमण किया। लेकिन बाद में अंग्रेजों का पलड़ा भारी पड़ा और दोनों फौजों को पीछे हटना पड़ा।

जब आजाद हिन्द फौज पीछे हट रही थी, तब जापानी सेना ने नेताजी के भाग जाने की व्यवस्था की, परन्तु नेताजी ने झाँसी की रानी रेजिमेंट की लड़कियों के साथ सैकड़ों मील चलते रहना पसन्द किया। इस प्रकार नेताजी ने सच्चे नेतृत्व का एक आदर्श प्रस्तुत किया।

6 जुलाई, 1944 को आजाद हिन्द रेडियो पर अपने भाषण के माध्यम से गाँधीजी को सम्बोधित करते हुए नेताजी ने जापान से सहायता लेने का अपना कारण और आर्जी-हुकूमते-आजाद-हिन्द तथा आजाद हिन्द फौज की स्थापना के उद्देश्य के बारे में बताया। इस भाषण के दौरान नेताजी ने गाँधीजी को राष्ट्रपिता बुलाकर अपनी जंग के लिये उनका आशीर्वाद भी माँगा। इस प्रकार नेताजी ने ही सर्वप्रथम गाँधीजी को राष्ट्रपिता बुलाकर अपने अपमान के बदले उन्हें सम्मानित करने का कार्य किया था।

तुम मुझे खून दो, मैं तुम्हें आजादी दूंगा

जब भारत स्वतंत्रता के लिए संघर्षरत था और नेताजी आजाद हिंद फौज के लिए सक्रिय थे, तब आजाद हिंद फौज में भरती होने आए सभी युवक-युवतियों को संबोधित करते हुए नेताजी सुभाषचंद्र बोस ने कहा, तुम मुझे खून दो मैं तुम्हें आजादी दूंगा।

हम अपना खून देने को तैयार हैं, सभा में बैठे हजारों लोग हामी भरते हुए प्रतिज्ञा-पत्र पर हस्ताक्षर करने उमड़ पड़े।

नेताजी ने उन्हें रोकते हुए कहा, इस प्रतिज्ञा-पत्र पर साधारण स्याही से हस्ताक्षर नहीं करने हैं। वही आगे बढ़ें जिसकी रगों में सच्चा भारतीय खून बहता हो, जिन्हें अपने प्राणों का मोह न हो और जो आजादी के लिए अपना सर्वस्व त्यागने को तैयार हों।

नेताजी की बात सुनकर सबसे पहले सत्रह भारतीय युवतियां आगे आईं और अपनी कमर पर लटकी छुरियां निकाल कर, झट से अपनी उंगलियों पर छुरियां चलाकर अपने रक्त से प्रतिज्ञा-पत्र पर हस्ताक्षर करने लगीं। महिलाओं के लिए रानी झांसी रेजिमेंट का गठन किया गया जिसकी कैप्टन बनीं लक्ष्मी सहगल।

युद्ध स्तर पर यूरोपियन दौरे

सुभाष चन्द्र बोस लगभग चार वर्षों तक यूरोप में रहे। इस बीच उन्होंने सभी यूरोपियन देशों का दौरा किया। यहां आने के बाद उनके स्वास्थ्य में सुधार होने लगा था। वे देश की आजादी के लिए कांग्रेस की नीतियों से हट कर कुछ दूसरा विकल्प तलाश रहे थे। उन दिनों विश्व की राजनीतिक और आर्थिक दशा बहुत बदल चुकी थी। सन् 1917 के दौरान रूस में हुई बोल्शेविक क्रांति के चलते वहां के साम्यवादी नेता लेनिन ने रूस की समूची सत्ता को साम्यवादी दल में केन्द्रित कर लिया था। वह साम्यवादी दल का एकछत्र नेता बन चुका था। उसकी मृत्यु के बाद सत्ता की बागडोर स्तालिन ने संभाली। उसने अपनी आतंकवादी नीति से विरोधियों का संहार किया। उसके बाद उसने रूस भर में श्रमिक संगठनों तथा कृषक संगठनों का आधिपत्य स्थापित किया। उधर, इटली में मुसोलिनी ने संसदीय शासन व विरोधी दलों को समाप्त करके फासिस्ट शासन की स्थापना की।

प्रथम विश्व युद्ध में जर्मनी अपनी हार से विनाश की कगार पर पहुंच गया था। वह कई वर्षों तक मुसीबतों से जूझता रहा। सन् 1933 में वहां हिटलर का उदय हुआ। वह जर्मनी के सभी राजनीतिक दलों को भंग करके वहां का तानाशाह बन गया।

6 मार्च, 1933 को सुभाष इटली पहुंचे। इटली में रह रहे भारतीयों और वहां के पत्रकारों ने उनका जोरदार स्वागत किया। इटली में रहकर सुभाष ने भारत की आजादी का वातावरण तैयार किया। इटली से वे वियना जा पहुंचे। वियना में कुछ दिनों तक आराम फरमाने के बाद सुभाष आस्ट्रिया गए। उन दिनों सरदार पटेल के बड़े भाई, बिट्ठल भाई पटेल स्विट्जरलैंड में रह रहे थे। वे स्वराज पार्टी के जमाने में केन्द्रीय विधानसभा के अध्यक्ष रह चुके थे। सुभाष ने स्विट्जरलैंड आकर उनसे

मुलाकात की। पटेल ने आयरलैंड के नेताओं से सुभाष का परिचय करवाया। उनकी उन नेताओं के साथ खूब जमती थी।

सुभाष स्विट्जरलैंड से पुनः वियना पहुंचे। यहां उन्हें खबर मिली कि गाँधी जी सविनय अवज्ञा आंदोलन को स्थगित करके अनशन पर बैठ गए हैं। इस खबर को पाकर सुभाष और बिट्ठल भाई पटेल ने संयुक्त वक्तव्य जारी करके गाँधी जी के अनशन की कटु आलोचना की। सुभाष ने लिखा था–

'मेरे मतानुसार मिस्टर गाँधी एक राजनीतिक के रूप में असफल रहे हैं। उनकी असफलता का सबसे बड़ा प्रमाण सविनय अवज्ञा आंदोलन को स्थगित कर देना है। इसलिए अब नए सिद्धांत और नई पद्धति के अनुसार कांग्रेस का पुनर्गठन किया जाए। इसके लिए एक नए नेता का चुनाव होना जरूरी है जो कांग्रेस को एक नए सिरे से सुधारने का काम कर सके।'

उस समय वहां 'एल्फ्रेड टाइरन्यार' नामक पत्रकार मौजूद था। उसने सुभाष से प्रश्न किया। फिर उसे जवाब मिला–

'गाँधी जी एक पुराने फर्नीचर की तरह हैं। उन्होंने अपने समय में देश की अच्छी सेवा की है। लेकिन आज वे देश की सेवा में बाधक बन चुके हैं।'

पत्रकार ने गाँधी जी की नीतियों को अहिंसा से परिपूर्ण बताया। उसने सुभाष से पूछा–"क्या आप हिंसा को अपनाकर भारत को आजादी दिला सकते हैं?"

"हम अपनी आजादी के लिए अपना सिर भी कटा सकते हैं। हम हिन्दुस्तानी खून बहाने में भली-भांति सक्षम हैं।"

एक वर्ष तक भारत में व्यक्तिगत सत्याग्रह चलता रहा। कांग्रेस में फूट के कारण समाजवादी पार्टी का गठन हुआ। इस पार्टी का पहला अधिवेशन पटना में हुआ जिसकी अध्यक्षता नरेन्द्र देव ने की। अधिवेशन में सविनय अवज्ञा आंदोलन को बन्द करने का फैसला लिया गया। पार्टी ने विधानमंडल में प्रवेश करने के लिए अपनी रणनीति बनाई।

अपने यूरोप प्रवास के दौरान सुभाष ने पश्चिमी देशों के शासकों से मुलाकात की। उनके द्वारा सुभाष ने वहां की क्रांतिकारी परिस्थितियों का बड़ी बारीकी से अध्ययन किया। वहां आम आदमी के हितों के लिए जो कानून बनाए गए थे, सुभाष ने उन कानूनों का भी अध्ययन कर लिया था। कुल मिलाकर वे इस नतीजे पर पहुंचे कि भारत में राष्ट्रीय चेतना की भारी कमी है। उसे जागृत करने के लिए देश के युवा वर्ग को उकसाना होगा। बिना नौजवानों को साथ लिए कोई भी आंदोलन सफल नहीं हो सकता। सुभाष ने रोमां रोलां से मुलाकात की।

रोमां रोलां गाँधी जी की अहिंसात्कम पद्धति के प्रबल समर्थक थे। सुभाष ने उनसे अपने देश की दशा का वर्णन किया और पूछा कि अंग्रेजी शासन को कैसे समाप्त किया जा सकता है? रोमां रोलां ने अपने जवाब में कहा कि भारत की आजादी का उद्देश्य वहां की आम जनता के हित में होना चाहिए और अहिंसात्मक आंदोलन किसान व मजदूरों को साथ लेकर किया जाना चाहिए। इस नीति को अपनाने से भारत अपने देश से अंग्रेजों का सफाया कर सकता है।

सन् 1940 की बात है। सुभाष ने देश के विभिन्न स्थानों का दौरा किया। उन्होंने देश की जनता को बताया कि आजादी प्राप्त करने का यह सुनहरा मौका है। ब्रिटेन के खिलाफ संघर्ष करना कांग्रेस और देश के हित में होगा। इस मौके का लाभ उठाने के लिए सुभाष उतावले हो गए थे। वे गाँधी जी की उपेक्षा सहने के बाद भी उनसे मिलने वर्धा गए। सुभाष ने सारा मतभेद भूलकर गाँधी जी को आंदोलन छेड़ने के लिए कहा। परन्तु गाँधी जी ने आंदोलन छेड़ने से साफ इन्कार कर दिया। उसी समय मुहम्मद अली जिन्ना ने लाहौर अधिवेशन में अपना प्रस्ताव रखकर देश की कमर को तोड़ दिया। उसने अपने प्रस्ताव में कहा कि हिन्दू-मुस्लिम का शाब्दिक अर्थ दो धर्मों से नहीं है, बल्कि वे दोनों समाज की अलग-अलग व्यवस्थाएं हैं। इसलिए हम मांग करते हैं कि मुसलमानों को अलग राष्ट्र प्रदान किया जाए। जिन्ना के इस प्रस्ताव की पूरे देश में तीखी प्रतिक्रिया हुई। 3 जुलाई, 1940 को सुभाष ने अचानक कलकत्ता स्थित 'हालवैल स्मारक' को तोड़ने की घोषणा कर दी। उधर, जर्मनी भी कई देशों पर हवाई हमला करने में व्यस्त था। सुभाष के फैसले को सुनकर ब्रिटिश सरकार बौखला गई। अतः उसने सुभाष को गिरफ्तार करके जेल में बंद कर दिया।

सुभाष पर आजीवन कारावास की धारा लगाई गई। लेकिन जब वे केन्द्रीय विधानमंडल के सदस्य चुने गए, तब उनकी सजा अस्थायी हो गई। इसके बाद भी सरकार उन्हें जेल में सड़ा देने का हथकंडा अपना रही थी। वह उनके खिलाफ तरह-तरह के मुकदमें चला रही थी। सरकार की चाल को समझने के बाद सुभाष ने अन्याय के खिलाफ अपनी जान देने का फैसला किया। उन्होंने बंगाल के गवर्नर के नाम एक पत्र लिखा। जिसमें सरकारी दमन का उल्लेख करते हुए लिखा गया था कि–'राष्ट्र को जिंदा रखना है तो व्यक्ति को मरना ही पड़ेगा। इसलिए मैं अपने राष्ट्र की स्वाधीनता के लिए मर जाना चाहता हूं।'

29 नवम्बर, सन् 1940 को उन्होंने भूख हड़ताल की। कुछ दिनों के बाद भूख हड़ताल से उनका स्वास्थ्य गिरने लगा। उनकी मृत्यु का खतरा उनके सिर पर मंडराने

लगा था। सुभाष की दशा देखकर सरकार के हौसले पस्त हो गए। उसने विचार किया कि यदि सुभाष की मृत्यु हो गई तो देश की जनता ब्रिटिश सरकार के खिलाफ खुला विद्रोह कर देगी। यदि विद्रोह हो गया तो उस विद्रोह को दुनिया की कोई भी ताकत नहीं दबा पाएगी। इसलिए सरकार ने डर के मारे सुभाष को जेल से रिहा कर दिया। जेल से छूटकर सुभाष अपने पैतृक घर कलकत्ता आए। उन्हें अपने ही घर में नजरबन्द होना पड़ा। उनके घर के चारों ओर पुलिस का सख्त पहरा था। सुभाष ने गाँधी जी के पास एक ऐसा पत्र भेजा, जिसमें अनेक प्रकार ही शिकायतें लिखी गई थीं और उसमें क्षमा मांगने जैसी कुछ बातें भी लिखी गई थीं। गाँधी जी ने जवाब दिया—'हमारा और आपका लक्ष्य एक है। लेकिन हम दोनों के रास्ते अलग-अलग हैं।' राष्ट्रीय मतभेद के बाद भी गाँधी जी सुभाष के आत्मविश्वास की भूरि-भूरि प्रशंसा करते थे। एक बार उन्होंने संवाददाता सम्मेलन को संबोधित करते हुए कहा था—

'नौजवान सुभाष को किसी बंधन में नहीं बांधा जा सकता। वह बड़ा विवेकवान है। उसका विवेक उसे समय-समय पर संयमित करता रहता है। जैसे मैं उदार हूं, वैसे वह भी उदार है। कांग्रेस से हटाए जाने पर यदि वह अहिंसात्मक संघर्ष का नेतृत्व करेगा, तो आप सब मुझे उसके पीछे चलता हुआ देखेंगे। अगर मैं उससे आगे भी निकल गया तो वह मेरे पदचिह्नों पर चलता हुआ नजर आएगा।'

सुभाष के खिलाफ मुकदमें की कार्यवाही शुरू हो गई थी। लेकिन उनका वकील पेशी की तारीख आगे बढ़वाता जा रहा था क्योंकि सुभाष बीमारी की हालत में थे। सुभाष ने देश के बाहर जाने का मन बनाया। उन्होंने सोचा कि देश के नेता हमारा साथ नहीं देंगे और सरकार हमें नेतृत्व करने नहीं देगी। ऐसे में देश को छोड़कर जाना हमारे हित में होगा। सुभाष उन शक्तियों से हाथ मिलाना चाहते थे जो ब्रिटिश सरकार का विरोध कर रही थीं। वे उन शक्तियों के साथ रहकर अंग्रेजी सत्ता को खत्म करना चाहते थे। भारत छोड़ने से पहले उन्होंने देश के वामपंथी दलों से आग्रह किया कि वे फारवर्ड ब्लॉक में शामिल हो जाएं। परंतु वे लोग अपनी-अपनी पार्टी से हटने वाले नहीं थे। इसलिए सुभाष ने अपने प्रस्ताव को वापस ले लिया। फारवर्ड ब्लॉक के समानान्तर अनेक वामपंथी दल काम कर रहे थे। इसलिए वह बड़े दल के रूप में उभर नहीं पाया।

अब सुभाष ने लोगों से मिलना-जुलना बन्द कर दिया। वे हमेशा घर के अन्दर रहने लगे। प्रचार के द्वारा पता चला कि सुभाष एकांतवास करना चाहते हैं। वे 24 घंटे बिस्तर पर पड़े रहते हैं। उन्होंने दाढ़ी बनाना बन्द कर दिया है। वे साधु की

तरह हो गए हैं। उनके पास हमेशा पूजा-पाठ की सामग्री रहती है। वे कई धार्मिक ग्रंथ भी अपने साथ रखते हैं। उनके कमरे की दीवारों पर स्वामी रामकृष्ण और विवेकानन्द की तस्वीरें लगी हुई हैं। उनके कमरे में किसी को जाने की इजाजत नहीं है। उन्हें भोजन की थाली खिड़की के माध्यम से दी जीती है। उनके कमरे का वातावरण रहस्य से भरा है।

एक दिन उचित अवसर देखकर सुभाषचन्द्र बोस के भतीजे शिशिर कुमार ने रात के नौ बजे अपनी कार को एक निश्चित जगह पर खड़ा कर दिया। सुभाष ने घर वालों के साथ मिलकर भोजन किया। उसके बाद वे पठानी वेश में घर से निकलकर कार की पिछली सीट पर आ बैठे। शिशिर ने चुपके से कार स्टार्ट की और वे सुभाष को लेकर चल पड़े। सुबह होते ही कार धनबाद शहर के पास बरारी नामक एक स्थान पर पहुंची। यहां शिशिर के बड़े भाई अशोकनाथ बोस रहते थे। सुभाष ने अपना पूरा दिन अशोक के बंगले पर बिताया। यहां उपस्थित लोगों को सुभाष ने अपना परिचय बीमा कंपनी से संबंधित एक कर्मचारी का दिया। रात होते ही शिशिर और अशोक दोनों भाई अपने चाचा तथा देश के महान नेता सुभाष चन्द्र बोस को लेकर गोमेह चले गए। गोमेह पहुंचने पर सुभाष ने उत्तर भारत के लिए गाड़ी पकड़ी।

दोनों भाई कार लेकर वापस लौट आए। उन्होंने कलकत्ता पहुंचकर सुभाष के गायब होने की रिपोर्ट दर्ज कराई। चारों ओर यह खबर फैल गई कि सुभाष न जाने कहां चले गए। जिस दिन सुभाष को अदालत में पेश होना था, उससे पहले ही उनके दोस्तों में सुभाष के गुम होने की खबर को लेकर हाहाकार मच गया।

सुभाष गाड़ी से अपने गंतव्य की ओर चले जा रहे थे। वे फ्रंटियर मेल से पेशावर पहुँचे। उन्होंने अपना रूप बदल लिया था। वे शक्त से पूरे मुस्लिम लग रहे थे। उनके बदन पर पठानी कुर्ता, ढीला पाजामा और शेरवानी इस बात के प्रमाण थे कि वे मोहम्मद जियाउद्दीन हैं। यह नाम सुभाष ने कुछ दिनों के लिए रखा था। वे बीमा कंपनी का एजेंट बनकर गूंगे और बहरे का अभिनय कर रहे थे। स्टेशन से बाहर निकलकर वे तांगे पर बैठे। तांगे ने कुछ ही देर में उन्हें ताजमहल होटल पहुंचा दिया। उनके पीछे-पीछे अकबर शाह चल रहा था, जो उनका विश्वसनीय दोस्त था। अकबर शाह अपने साथी पर चौकन्नी नजर रखे हुए था।

एक दिन होटल में रहने के बाद सुभाष किराए के मकान में चले आए, इस मकान में उन्होंने भगतराम तलवार से भेंट की। भगतराम, कीर्ति-किसान दल

और उत्तर-पश्चिम दल की पार्टी फारवर्ड ब्लॉक के एक सदस्य थे। उन्होंने सुभाष के साथ मिलकर काबुल पहुंचने की योजना बनाई। सुभाष को एक हफ्ते पेशावर में रुकना पड़ा। उनका वह समय बड़ी चिंता में व्यतीत हुआ। 26 जनवरी, सन् 1941 की बात है। भगतराम ने सुभाष को साथ लेकर काबुल की ओर प्रस्थान किया। भगतराम के साथ उसके दो विश्वासपात्र भी थे। भगतराम ने अपना नाम रहमत खां रख लिया और सुभाष को अपना चाचा जियाउद्दीन बना लिया। रास्ते में जब उससे कोई पूछताछ करता तो वह उसे बताता कि मैं अपने चाचा को अफगानिस्तान ले जा रहा हूं। वहां मुझे शरीफ दरगाह में चाचा के रोग को ठीक करना है।

भगतराम उन्हें लेकर जमरूद चौकी पर पहुंचा। यहां से कबाइलियों का इलाका शुरू होता है। उस चौकी से खजूरी मैदान ग्यारह मील दूर था। वहां सैनिक कैम्प लगे हुए थे। वह स्थान ब्रिटिश, भारत और अफगानिस्तान के मध्यवर्ती राज्य बफर स्टेट के नाम से जाना जाता था। सुभाष भगतराम के साथ खजूरी मैदान पहुचे। यहां से पहाड़ों की ओर एक पगडंडी गई थी। सुभाष उसके साथ पगडंडी पर चल पड़े। भगतराम ने वहां से अपने विश्वासपात्रों को पीछे लौटा दिया। दोनों ने दो घंटे पहाड़ी पर कठिन यात्रा की। वे कुल डेढ़ मील ही आगे बढ़ पाए थे। भगतराम उनसे धीरे से बोला–

"ये कबाइलियों का इलाका है। यहां रुकना ठीक नहीं है, इसलिए आप तुरंत उठो और आगे बढ़ो।"

उसकी बात सुनकर सुभाष की थकान दूर सी हो गई। वे बड़ी फुर्ती से उठकर आगे बढ़े। दोनों ने रात के आठ बजे दर्रा पार किया। वे आधी रात को पिशकन मियां नामक गांव में पहुंचे। इस गांव में रहकर दोनों ने रात बिताई। सुबह दिन निकलते ही वे फिर चल पड़े। दोपहर होते ही दोनों दूसरे गांव में पहुंचे।

28 जनवरी, सन् 1941 की बात है। रात के एक बजे दोनों अफगान सीमा पर पहुंच गए थे। यहां से दोनों ने टट्टू पर सवारी की। बारह घंटे टट्टू पर चलने के बाद उन्होंने बर्फ से ढका एक और दर्रा पार किया। दोनों ने पेशावर-काबुल की सीमा में प्रवेश किया। वहां प्रवेश करते ही उन्होंने गरडी नामक गांव में विश्राम किया। विश्राम करने के बाद वे फिर आगे बढ़े। अब उनके सिर पर खतरों के बादल मंडराने लगे थे। रास्ते में कई लोगों ने उनसे पूछताछ की। वहां के पठानों को यह विश्वास नहीं हुआ कि जियाउद्दीन जैसा हट्टा-कट्टा जवान गूंगा और बहरा हो सकता है। पठानों ने उनकी जीभ को छूने की जिद की। ऐसे में सुभाष ने बड़ी

मुश्किल से उनसे अपनी जान छुड़ाई। वहां से दोनों राजमार्ग पर आए। मार्ग से गुजर रही गाड़ियों को उन्होंने रोकने का प्रयास किया, लेकिन कोई गाड़ी नहीं रुकी। बड़ी देर परेशान होने के बाद एक ट्रक वाले ने उन पर दया की। उसने ट्रक रोककर दोनों को अन्दर बैठाया। ट्रक में चाय की पेटियां लदी हुई थीं। दोनों डरते हुए ट्रक से जलालाबाद पहुंचे और जलालाबाद से शरीफ दरगाह।

दरगाह पहुंचकर भगतराम ने हाजी मोहम्मद अमीन नामक व्यक्ति की तलाश की। वह व्यक्ति भगतराम के साथ पेशावर जेल में रह चुका था। वहां दोनों में दोस्ती हो गई थी। अमीन जब भगतराम से मिला तो वह बड़ा खुश हुआ। उसने दोनों को आगे की यात्रा के बारे में बताते हुए कहा–

"काबुल से 13 मील की दूरी मर एक चेकपोस्ट है जिसका नाम बदखाक चेकपोस्ट है। यहां तुम दोनों को बड़ी सावधानी से निकलना होगा क्योंकि यहां हर व्यक्ति की शिनाख्त होती है।"

उन दिनों वीता प्रणाली लागू नहीं थी। भगतराम ने काबुल के लिए एक तांगा किया। दोनों तांगे से चेकपोस्ट पहुंचे। चेकपोस्ट पर उनकी शिनाख्त हुई। उसके बाद उन्होंने काबुल में प्रवेश किया। यहां लाहौरी दरवाजे के पास एक सराय में दोनों ने आराम फरमाया। अगले दिन सुभाष ने काबुल में रह रहे विदेशी दूतावासों से संपर्क करना आरम्भ किया। वे रूसी दूतावास तक पहुंचना चाहते थे, लेकिन अथक प्रयास के बाद भी उन्हें कोई सफलता नहीं मिली। इसी बीच सराय का एक अफगानी गुप्तचर उनके पीछे पड़ गया। गुप्तचर ने उन्हें कोतवाली चलने के लिए कहा। वह सिक्के वसूलने के बाद भी अपनी जिद पर अड़ा रहा। अतः भगतराम ने अपनी घड़ी को उसके हाथ में रख दिया। घड़ी पाकर गुप्तचर उनके पीछे से हट गया। लेकिन वहां उनके लिए खतरा अभी भी बना हुआ था। ऐसे में भगतराम अपने एक जानकार के घर गए। उसका घर काबुल में था। वह उत्तमचन्द्र मल्होत्रा के नाम से जाना जाता था। सुभाष चन्द्रबोस अब मल्होत्रा के घर में रहने लगे। उनको पुलिस की गिरफ्तारी का डर था। इसलिए वे छुपकर घर में रह रहे थे और उत्तमचन्द्र तथा भगतराम दूतावास के चक्कर काट रहे थे। उसी दौरान सुभाष की मुलाकात एक इटैलियन मंत्री से हुई। मंत्री का नाम एल्बटी कुअरोनी था। सुभाष उसके साथ पूरी रात बात करते रहे। मंत्री ने उनके साथ की बातचीत का ब्योरा रोम भेज दिया।

इटली और जर्मन की सरकारें सुभाष को काबुल से अपने पास बुलाना चाहती थीं। इसके लिए उन सरकारों ने सोवियत रूस से सुभाष को जर्मनी पहुंचाने का आग्रह किया। रूस ने उनकी बात को मानते हुए सुभाष को ले जाने

की बात कही। इस खबर को पाकर जर्मनी ने अपना इंजीनियर सुभाष के पास भेज दिया। सुभाष उस इंजीनियर के साथ एक कार में बैठे। उन्हें विदा करते समय भगतराम की आंखों से आंसू छलक पड़े। भगतराम ने सिसकते हुए सुभाष से पूछा–"फिर कब मिलोगे?"

"मेरे दोस्त! तुम मेरे आने का इंतजार करना। हम भारत की स्वाधीनता के अवसर पर मिलेंगे।" सुभाष ने मुस्कराते हुए कहा। सुभाष कार के द्वारा समरकंद पहुंचे। समरकंद से उन्होंने मास्को के लिए गाड़ी पकड़ी। मास्को से वे जहाज के द्वारा जर्मनी की राजधानी बर्लिन पहुंचे। बर्लिन तक पहुंचने का उनका यह सफर बेहद दुखदायी था। वे गुप्तचरों से टकराते हुए, पत्रकारों की आंखों में धूल झोंकते हुए तमाम खतरे उठाकर बर्लिन पहुंचे थे। उनके सफर की यह घटना इतिहास की सबसे बड़ी सनसनीखेज घटना थी। इस घटना की जानकारी जब गाँधी जी को मिली, तब वे दंग रह गए उन्होंने सुभाष के अदम्य साहस का लोहा मान लिया।

बर्लिन में सुभाष का स्वागत रिबेन ट्राप ने किया। रिबेन वहां के उच्च सरकारी अधिकारी थे। सुभाष ने वहां की सरकार के सामने तीन प्रस्ताव रखे थे। जो इस प्रकार थे–

1. जर्मनी सरकार को एक ऐसी व्यवस्था करनी है जिसके तहत सुभाष रेडियो में ब्रिटिश सरकार विरोधी भाषण दे सकें और उनके भाषण को रेडियो के द्वारा देश की सारी जनता तक पहुंचाया जा सके।
2. जर्मन सरकार यहां भारत के युद्ध बन्दियों को आजाद हिन्द फौज में शामिल होने की इजाजत दे।
3. भारत के स्वतंत्र होने का जब समय आए, तब जापान, जर्मन और इटली की धुरी शक्तियां संयुक्त रूप से भारत का समर्थन करें।

सुभाष के प्रथम दो प्रस्तावों पर जर्मन और इटली की सरकारें तुरंत राजी हो गई थीं। किन्तु उनके तीसरे प्रस्ताव पर अभी दोनों सरकारों ने कोई फैसला नहीं सुनाया था।

एक ओर जर्मनी ने रूस पर हमला शुरू किया। दूसरी ओर सुभाष जर्मनी में भारतीय सैनिकों को एकत्र करके संगठन बनाने के काम में लग गए। उन्होंने रोम और पेरिस में भारतीय केन्द्रों को स्थापित किया और शीघ्र ही 3000 भारतीय सिपाहियों की एक टुकड़ी बना ली। उनकी देखभाल का काम जर्मन के सूचना प्रसारण मंत्रालय के दो अधिकारी कर रहे थे। उन अधिकारियों को हिटलर सरकार ने सुभाष की सेवा में लगाया था। दोनों अधिकारी बड़े ही सक्षम और हिटलर के

विश्वासपात्र थे। दोनों ने सुभाष को जरा भी परेशानी नहीं होने दी। सुभाष ने इटली दूतावास के द्वारा बर्लिन से अपने साथी रहमत खान को संदेश भेजा–

'अब वक्त आ गया है कि ब्रिटेन के खिलाफ विश्व के देशों में खुला प्रचार-प्रसार किया जाए। ऐसी संभावना है कि अन्तर्राष्ट्रीय राजनीति जगत अंग्रेजी हुकूमत को भारत से उखाड़ने के लिए जल्द से जल्द कार्रवाई करेगा।'

सुभाष की बेचैनी दिन-प्रतिदिन बढ़ती जा रही थी। वे भारत को अंग्रेजी चंगुल से मुक्त कराने के लिए छटपटा रहे थे। चिंता के कारण उन्हें रात को नींद नहीं आती थी। वे धुरी शक्तियों को अपने साथ लेकर ब्रिटिश साम्राज्य को नष्ट करने के लिए उतावले हो रहे थे। उनकी पत्नी एमिली शेंकिल अपने पति से बहुत दूर थीं। शेंकिल अपने पिता के साथ वियना में रह रही थीं। सुभाष ने अपनी पत्नी के साथ रहने का सुखद अवसर भारत को आजाद कराने के लिए त्याग दिया था। उनकी देशभक्ति ने उनके जीवन के सुख-चैन को दफन कर दिया था।

सुभाष ने हिटलर पर अपना विश्वास जमाने के लिए बहुत प्रयत्न किया। उसने सर्वप्रथम उनके नाम एक पत्र भेजा–

'एक समय था। जब ब्रिटेन ने बड़ी चालाकी से भारतीय साधनों का उपयोग किया था और जर्मनी को चुनौती दे डाली थी। लेकिन ब्रिटेन को मुंह की खानी पड़ी थी। आज वही भारत पर अपना रुतबा जमाए बैठा है। वह इस फिराक में है कि युद्ध में जर्मनी के खिलाफ भारतीय साधनों का उपयोग किया जाए। लेकिन भारत इससे बिल्कुल सहमत नहीं है। भारत इस युद्ध में ब्रिटेन को तहस-नहस देखना चाहता है। आज हिन्दुस्तान का बच्चा-बच्चा भारत की आजादी के लिए ब्रिटिश विरोधी नारे लगाता है। वह ब्रिटिश साम्राज्य की नींव को ध्वस्त करने पर आमादा है। इस स्थिति में भारत यहां की धुरी शक्तियों का साथ देना चाहता है। इस शर्त पर कि धुरी शक्तियां अपनी विजय के बाद भारत को आजादी दिलाने में अपना सहयोग करने का वादा करें। ऐसा करने पर समूचा भारत ब्रिटेन के खिलाफ अपना कड़ा रुख अपनाकर धुरी शक्तियों का साथ देगा।

सुभाष के इस गुप्त पत्र का जवाब जर्मन की हिटलर सरकार ने नहीं दिया। फिर सुभाष ने हिटलर को लिखा–

'यदि वादे के मुताबिक धुरी शक्तियों को भारत पर अपना धन खर्च करना पड़ता है, तो उस धन को आजाद हिन्द सरकार कर्ज मानकर उसे चुकाने के लिए पूरी तरह से वचनबद्ध है।'

जवाब न मिलने पर सुभाष ने हिटलर के पास एक और पत्र भेजा जिसमें लिखा गया था–'हिटलर की सरकार भारत और अरब देशों की आजादी का समर्थन करे। उन देशों में ग्रेट ब्रिटेन के खिलाफ युद्ध को भड़काने का प्रयास करे। धुरी शक्तियां भारत में सीधे ब्रिटिश सत्ता पर प्रहार करें। साथ ही वह ब्रिटिश हुकूमत का समर्थन करने वाली अफगानिस्तान सरकार के काम-काज को ठप करे और जरूरत पड़ने पर ग्रेट ब्रिटेन के खिलाफ इराक को सैन्य सहायता प्रदान करे।' इस पत्र को पढ़कर हिटलर बड़ा प्रभावित हुआ। लेकिन उसने सुभाष को कोई स्पष्ट जवाब नहीं दिया। उस पर दबाव डालने के मकसद से सुभाष ने मुसोलिनी से मुलाकात की। उनकी यह मुलाकात इटली में हुई। मुसोलिनी पर सुभाष की बातों का कोई खास असर नहीं हुआ। उसने भारत की आजादी के मामले में कोई दिलचस्पी नहीं ली। इससे सुभाष को बड़ी निराशा हुई। वे वियना जाने की सोचने लगे। क्योंकि इस प्रकार की विषम परिस्थितियों में उन्हें अपनी पत्नी की याद आ रही थी।

जर्मनी ब्रिटेन के साथ युद्ध में उलझ चुका था। हिटलर ने सुभाष के पत्रों पर गहराई से विचार करने के बाद मुसोलिनी से बातचीत की। उसे पता चला कि सुभाष युद्ध को आर-पार की दृष्टि से देखते हैं। उनमें विश्व के देशों को समझने की कला है। वे विश्व की शक्ति को संतुलित बनाए रखना बखुबी जानते हैं। कुल मिलाकर सुभाष में जो काबिलियत है। वह आज की तारीख में दुनिया के किसी भी नेता में नहीं है। अब हिटलर सुभाष को अपना सहयोग देने के लिए राजी हो गया था।

जापान के सहमत होने के बाद भारत को आजाद कराने का काम अन्तर्राष्ट्रीय स्तर पर शुरू हो गया। जर्मनी के सूचना विभाग में भारत का एक स्पेशल विभाग स्थापित हो गया जिसका नाम 'स्पेशल डिपार्टमेन्ट इंडिया' था। इसका दायित्व विदेशी सचिव विल्हेल्म कैप्लर को सौंपा गया था।

कार्य को आगे बढ़ाने के उद्देश्य से सुभाष ने रोम की यात्रा की। रोम से वियना जाकर उन्होंने अपनी पत्नी से मुलाकात की और वहां से शीघ्र ही सुभाष बर्लिन चले आए। बर्लिन का माहौल उनकी योजनाओं के अनुकूल बन गया था। कैप्लर ने सुभाष को वार्ता के लिए आमंत्रित किया। वार्ता के दौरान सुभाष ने अंग्रेजी शासन के विरोध की सारी योजनाएं कैप्लर को समझा दीं। कैप्लर ने हिटलर की ओर से सुभाष का भरपूर साथ देने का वादा किया। जर्मन सरकार ने सुभाष के लिए आर्थिक सहायता, जर्मन में रहने वाले भारतीयों को सैनिक प्रशिक्षण और रेडियो पर सूचना देने तक की सुविधाएं मुहैया कराईं। सात महीने के कठिन परिश्रम के बाद सुभाष ने बर्लिन में आजाद हिन्द फौज की स्थापना की। इस फौज के लोगों ने रेडियो द्वारा

सूचना प्रचार कार्य तथा सैनिक प्रशिक्षण का कार्य बड़ी जिम्मेदारी से संभाल लिया। सन् 1942 में ए. सी. एन. नाम्बियार आजाद हिन्द फौज के सदस्य बने।

नाम्बियार 18 वर्षों तक यूरोप में पत्रकार थे। सुभाष की फौज में शामिल होने के बाद वे फ्रांस में एकांतवास कर रहे थे। उस समय जर्मनी में एक ऐसा व्यक्ति मौजूद था, जो बम्बई कांग्रेस का सदस्य रह चुका था। वह सुलझा हुआ व्यक्ति गणमुले था। गणमुले ने सुभाष से प्रभावित होकर आजाद हिन्द फौज की सदस्यता प्राप्त की।

गिरिजा कुमार मुखर्जी और एम. आर. व्यास रेडियो प्रसारण का कार्य देख रहे थे। सुभाष ने नाम्बियार को अपना उत्तराधिकारी बना दिया था। भारत के नाम सुभाष का संदेश वहां का रेडियो विभाग रोज प्रकाशित करता था।

भारत के नाम सुभाष का संदेश नित्य-प्रति प्रकाशित होता था। वे भारत के नेताओं को ब्रिटिश हुकूमत की कपट भरी बातों में न फंसने का सुझाव दे रहे थे। वे सभी को आगाह कर चुके थे कि भारत की आजादी अब हमारे निकट आ गई है। उनके संदेश की खबर जब ब्रिटिश सरकार को लगी, तब वह उनके खिलाफ भारत में दुष्प्रचार करने लगी। सन् 1942 के दौरान भारत की राजनीति में अनेक उठा-पठक हुई। ब्रिटिश सरकार ने कांग्रेस को अपने समर्थन में लेने के लिए एड़ी-चोटी का जोर लगा दिया, लेकिन उसे कामयाबी नहीं मिली।

भारत की जनता अपने आपको बड़ी विचित्र स्थिति में महसूस कर रही थी। सुभाष के देश छोड़ने के बाद देशवासी अनाथ से हो गए थे। कांग्रेसी नेता स्पष्ट बात करने से कतराने लगे थे। वे देश की आजादी चाहते थे, लेकिन किसी प्रकार का आंदोलन छेड़ने से वे बच रहे थे।

अंग्रेज अधिकारियों को यह पता लग गया था कि सुभाष भारत की सीमा से बाहर चले गए हैं। इसलिए वे सतर्क को गए थे और दिन-प्रतिदिन उनकी चिंताएं बढ़ने लगी थीं। उधर, डेन्मार्क में जर्मनी की सेना ने ब्रिटेन की सेना के छक्के छुड़ा दिए थे। ब्रिटेन की सेना जर्मन से बुरी तरह पराजित हो चुकी थी। वहां नए प्रधानमंत्री चर्चिल ने शासन की बागडोर संभाली। उसने कांग्रेस से हाथ मिलाना चाहा। वह कांग्रेस की मदद लेना चाह रहा था। लेकिन कांग्रेस ने उसके सामने अपनी दो शर्तें रखीं। उन शर्तों को मानने के बाद चर्चिल की मदद करने की बात कांग्रेस ने उससे कही।

कांग्रेस ने चर्चिल के सामने भारत की पूर्ण आजादी के अधिकार मिलने की शर्त और तत्कालीन साधन के रूप में केन्द्र में अस्थायी राष्ट्रीय सरकार की स्थापना

की शर्त रखी थी। यह शर्त जानने के बाद चर्चिल ने भारत को औपनिवेशिक पद देने की बात कही। जिस पर कांग्रेस पार्टी में नाराजगी छा गई।

गाँधी जी ने ब्रिटिश सरकार के खिलाफ व्यक्तिगत आंदोलन का ऐलान किया। उनका यह आंदोलन नैतिक विरोध प्रदर्शन के उद्देश्य से किया गया था। उन्होंने सत्याग्रह के लिए विनोबा भावे जैसे सत्याग्रहियों को अपने साथ लेना स्वीकार किया।

ब्रिटेन जापान की लड़ाई में कूद चुका था। इसलिए उसकी स्थिति पहले से अधिक खराब हो गई थी। उस पर अमेरिका का दबाव बढ़ता जा रहा था। इस दबाव के चलते उसने भारत को स्वाधीनता देने की शर्त को स्वीकार कर लिया लेकिन उसने पाकिस्तान का निर्माण करने की शर्त रखी और उसने प्रतिरक्षा विभाग को अंग्रेजों के अधिकार में रखने की बात कही। ये सभी प्रस्ताव ब्रिटेन की ओर से सर स्टेफर्ड क्रिप्स ने रखा था जिसे बाद में क्रिप्स मिशन के नाम से जाना गया। इस प्रस्ताव को भारत ने अस्वीकृत कर दिया और ब्रिटिश सरकार तथा भारत के बीच बातचीत भंग हो गई। इस वजह से भारतीय जनता बौखला उठी।

8 अगस्त, सन् 1942 को कांग्रेस ने 'भारत छोड़ो' प्रस्ताव पारित कर दिया। उस समय देश की जनता क्रांति के लिए पूरी तरह से तैयार हो चुकी थी। गाँधी जी ने अपने नेतृत्व में भारत छोड़ो आंदोलन करने का निश्चय किया। इस आंदोलन का प्रमुख उद्देश्य भारत से अंग्रेजी शासन को पूरी तरह से समाप्त करना था। कांग्रेस की नीति को जानकर सरकार कांग्रेसी नेताओं और कार्यकर्ताओं को गिरफ्तार करने लगी। इस गिरफ्तारी के विरोध में देश की जनता भड़क उठी। कई जगह हिंसक वारदातें भी हुईं। सरकार की ओर से ये हिंसक वारदातें कम होने का नाम नहीं ले रही थीं।

सुभाष और गाँधी जी के बीच का वैचारिक मतभेद अब समाप्त हो चुका था। गाँधी जी ने अंग्रेजी को भारत छोड़ो का नारा दिया। उनकी यह चुनौती सुभाष की तरह एक सीधी चुनौती थी। अंग्रजों ने अपनी क्रूरता की जो छाप सुभाष के हृदय पर छोड़ी थी, वही क्रूरता अब वे गाँधी जी और भारत के स्वाधीनता सेनानियों को दिखा चुके थे। सुभाष गाँधी जी के भारत छोड़ो आंदोलन की खबर पाकर खुशी से झूम उठे थे। उन्होंने गाँधी जी के प्रस्ताव का स्वागत करते हुए कहा–

"भारत की सारी समस्याएं ब्रिटिश सरकार के ध्वस्त होने पर ही दूर होंगी। कांग्रेस ने भारत छोड़ो का जो प्रस्ताव पारित किया है, वह देश की समस्त जनता के विचारों के अनुकूल है। यह हमारी आजादी का एक बुनियादी आधार है जिसका अध्ययन मैं स्वदेश में रहकर कर चुका हूं। अतः भारतवासियों को बिना मंजिल प्राप्त किए अपने संघर्ष से पीछे नहीं हटना चाहिए।"

सुभाष भली-भांति जानते थे कि अंग्रेज आसानी से भारत नहीं छोड़ेंगे। वे अंग्रेजों की नसों को पहचानते थे। उस समय अंतर्राष्ट्रीय शक्ति संतुलन में भारत पर अंग्रेजी शासन की पकड़ का विशेष महत्व था। सुभाष सोच रहे थे, यदि भारत अंग्रेजों के हाथों से मुक्त हो गया तो ब्रिटेन के हौसले पस्त हो जाएंगे और वह युद्ध में किसी भी हाल में विजय प्राप्त नहीं कर सकता। इसलिए अंग्रेजों को भारत से खदेड़ने का उचित समय यही है।

सुभाष बर्लिन में रहकर भारत की गतिविधियों पर पूरी तरह से नजर रखे हुए थे। वे यहां अपनी आगामी रणनीति बना रहे थे। उन्होंने रेडियो के द्वारा समय-समय पर भारत की जनता का बनोबल बढ़ाया, ताकि देश की जनता का हौसला बना रहे और वे अपने संघर्ष में जुटे रहें। सुभाष भारत की आजादी के लिए विदेश में जो कार्य कर रहे थे, उसका खुलासा वे रेडियो में कर देते थे। उन्होंने भारतवासियों से जापानियों पर विश्वास रखने के लिए कहा और उन्हें बताया कि जापानी भारत के मित्र हैं तथा अंग्रेजों के शत्रु।

जर्मनी, इटली तथा क्रोशिया ने भी सुभाष की अंतरिम सरकार को मान्यता दे डाली। इसके अगले दिन उन्होंने अमेरिका और ब्रिटेन के खिलाफ युद्ध का ऐलान कर दिया। इस अवसर पर सिंगापुर में हजारों भारतीयों को सुभाष ने संबोधित करते हुए कहा–

"हमारे इस युद्ध का मुख्य लक्ष्य भारत की आजादी है। यह हमारा निर्णायक युद्ध होगा और इसमें हमारी जीत एकदम पक्की है।"

जनता ने उनका भाषण सुनकर इंकलाब जिंदाबाद का नारा लगाया, नेताजी की जय का नारा लगाया। उधर, बंगाल में लोग भीषण अकाल से जूझ रहे थे। इस अकाल में लाखों लोग बेमौत मर गए। सुभाष की माता प्रभावती को भी अकाल के क्रूर हाथों ने निगल लिया।

सुभाष को अपनी मां की मृत्यु का समाचार बड़ी देर से मिला। यह दुखद समाचार सुनकर उनके पैरों के नीचे से जमीन खिसक गई। वे मां की आत्मा की शांति के लिए ईश्वर से प्रार्थना करने लगे और भावुक होकर रोने लगे। उनके आंसू रोके नहीं रुक रहे थे। सुभाष अपनी मां के अंतिम संस्कार में जाने से वंचित रहे क्योंकि भारत मां को आजाद कराने के लिए वे निर्णायक युद्ध की दहलीज पर खड़े थे। जिन हाथों ने उनकी मातृभूमि को दासता की बेड़ियों में जकड़ रखा था, उन हाथों को काटने के लिए सुभाष अपनी म्यान से तलवार निकाल चुके थे।

युद्ध की रणनीति को अंतिम रूप देने के लिए एक बैठक बुलाई गई। बैठक में सुभाष के साथ जापान के प्रधान सेनापति 'फील्ड मार्शल काउंट तेराची' उपस्थित हुए। तेराची को आजाद हिन्द फौज की सेना पर विश्वास नहीं था। वह भारत पर जापानी सेना द्वारा हमला कराना चाहता था और युद्ध की कमान जापानी सेना के हाथ में देना चाहता था। इसके लिए सुभाष तैयार नहीं हुए। उन्हें किसी दूसरे देश के द्वारा आजादी प्राप्त करना कबूल नहीं था। वे भारत में जन्में आजाद हिन्द फौज के सिपाहियों की वीरता से अंग्रेजी सल्तनत को अपने बूटों तले रौंदना चाहते थे, ताकि फिरंगियों का महा अहंकार चूर-चूर हो सके। सुभाष उन्हें कुचल कर दिल्ली पर कब्जा करना चाहते थे जिससे कि भारत की आने वाली पीढ़ियां गर्व के साथ अपना सीना उठाकर जी सकें और भारत की आजादी का इतिहास सुनहरे पन्नों में लिखा जाए।

3

द्वितीय विश्वयुद्ध और आजाद हिन्द फौज

आजाद हिन्द फौज या इंडियन नेशनल आर्मी का गठन 1942 ई. में किया गया था। 28-30 मार्च, 1942 ई. को टोक्यो (जापान) में रह रहे भारतीय रासबिहारी बोस ने इण्डियन नेशनल आर्मी (आजाद हिन्द फौज) के गठन पर विचार के लिए एक सम्मेलन बुलाया। कैप्टन मोहन सिंह, रासबिहारी बोस एवं निरंजन सिंह गिल के सहयोग से इण्डियन नेशनल आर्मी का गठन किया गया। आजाद हिन्द फौज की स्थापना का विचार सर्वप्रथम मोहन सिंह के मन में आया था। इसी बीच विदेशों में रह रहे भारतीयों के लिए इंडियन इंडिपेंडेंस लीग की स्थापना की गई, जिसका प्रथम सम्मेलन जून, 1942 ई. को बैंकाक में हुआ।

स्थापना

आजाद हिन्द फौज की प्रथम डिवीजन का गठन 1 दिसम्बर, 1942 ई. को मोहन सिंह के अधीन हुआ। इसमें लगभग 16,300 सैनिक थे। कालान्तर में जापान ने 60,000 युद्ध बंदियों को आजाद हिन्द फौज में शामिल होने के लिए छोड़ दिया। जापानी सरकार और मोहन सिंह के अधीन भारतीय सैनिकों के बीच आजाद हिन्द फौज की भूमिका के संबध में विवाद उत्पन्न हो जाने के कारण मोहन सिंह एवं निरंजन सिंह गिल को गिरफ्तार कर लिया गया। आजाद हिन्द फौज का दूसरा चरण तब प्रारम्भ हुआ, जब सुभाषचन्द्र बोस सिंगापुर गये। सुभाषचन्द्र बोस ने 1941 ई.

में बर्लिन में इंडियन लीग की स्थापना की, किन्तु जब जर्मनी ने उन्हें रूस के विरुद्ध प्रयुक्त करने का प्रयास किया, तब कठिनाई उत्पन्न हो गई और बोस ने दक्षिण-पूर्व एशिया जाने का निश्चय किया।

सुभाषचन्द्र बोस का नेतृत्व

जुलाई, 1943 ई. में सुभाषचन्द्र बोस पनडुब्बी द्वारा जर्मनी से जापानी नियंत्रण वाले सिंगापुर पहुँचे। वहाँ उन्होंने 'दिल्ली चलो' का प्रसिद्ध नारा दिया। 4 जुलाई, 1943 ई. को सुभाषचन्द्र बोस ने आजाद हिन्द फौज एवं इंडियन लीग की कमान को संभाला। आजाद हिन्द फौज के सिपाही सुभाषचन्द्र बोस को नेताजी कहते थे। बोस ने अपने अनुयायियों को जय हिन्द का नारा दिया।

उन्होंने 21 अक्टूबर, 1943 ई. को सिंगापुर में अस्थायी भारत सरकार आजाद हिन्द सरकार की स्थापना की। सुभाषचन्द्र बोस इस सरकार के राष्ट्रपति, प्रधानमंत्री तथा सेनाध्यक्ष तीनों थे। वित्त विभाग एस.सी. चटर्जी को, प्रचार विभाग एस.ए. अय्यर को तथा महिला संगठन लक्ष्मी स्वामीनाथन को सौंपा गया।

प्रतीक चिन्ह

आजाद हिन्द फौज के प्रतीक चिन्ह के लिए एक झंडे पर दहाड़ते हुए बाघ का चित्र बना होता था। 'कदम-कदम बढाए जा, खुशी के गीत गाए जा'- इस संगठन का वह गीत था, जिसे गुनगुना कर संगठन के सेनानी जोश और उत्साह से भर उठते थे। जापानी सैनिकों के साथ तथाकथित आजाद हिन्द फौज रंगून (यांगून) से होती हुई थलमार्ग से भारत की ओर बढ़ती हुई 18 मार्च, सन् 1944 ई. को कोहिमा और इम्फाल के भारतीय मैदानी क्षेत्रों में पहुँच गई।

फौज की बिग्रेड

जर्मनी, जापान तथा उनके समर्थक देशों द्वारा आजाद हिन्द सरकार को मान्यता प्रदान की गई। इसके पश्चात नेताजी ने सिंगापुर एवं रंगून में आजाद हिन्द फौज का मुख्यालय बनाया। पहली बार सुभाषचन्द्र बोस द्वारा ही गाँधी जी के लिए राष्ट्रपिता शब्द का प्रयोग किया गया। जुलाई, 1944 ई. को सुभाषचन्द्र बोस ने रेडियो पर गाँधी जी को संबोधित करते हुए कहा भारत की स्वाधीनता का आखिरी युद्ध शुरू हो चुका है। हे राष्ट्रपिता! भारत की मुक्ति के इस पवित्र युद्ध में हम आपका आशीर्वाद और शुभकामनाएँ चाहते हैं। इसके अतिरिक्त फौज की बिग्रेड को नाम भी दिये गए–महात्मा गाँधी ब्रिगेड, अबुल कलाम आजाद ब्रिगेड, जवाहरलाल नेहरू ब्रिगेड तथा सुभाषचन्द्र बोस ब्रिगेड। सुभाषचन्द्र बोस ब्रिगेड के सेनापति शाहनवाज खाँ थे। सुभाषचन्द्र बोस ने सैनिकों का आह्वान करते हुए कहा 'तुम मुझे खून दो, मैं तुम्हें आजादी दूँगा।'

पूर्व एशिया में अभियान

पूर्व एशिया पहुँचकर सुभाषबाबू ने सर्वप्रथम, वयोवृद्ध क्रांतिकारी रासबिहारी बोस से भारतीय स्वतंत्रता परिषद का नेतृत्व सँभाला। सिंगापुर केफरेर पार्क में रासबिहारी बोस ने भारतीय स्वतंत्रता परिषद का नेतृत्व सुभाषबाबू को सौंप दिया।

जापान के प्रधानमंत्री जनरल हिदेकी तोजो ने, नेताजी के व्यक्तित्व से प्रभावित होकर, उन्हें सहकार्य करने का आश्वासन दिया। कई दिन पश्चात, नेताजी ने जापान की संसद डायट के सामने भाषण किया।

21 अक्तूबर, 1943 के दिन, नेताजी ने सिंगापुर में अर्जी-हुकूमत-ए-आजाद-हिंद (स्वाधीन भारत की अंतरिम सरकार) की स्थापना की। वे खुद इस सरकार के राष्ट्रपति, प्रधानमंत्री और युद्धमंत्री बने। इस सरकार को कुल नौ देशों ने मान्यता दी। नेताजी आजाद हिन्द फौज के प्रधान सेनापति भी बन गए।

आजाद हिन्द फौज में जापानी सेना ने अंग्रेजों की फौज से पकडे हुए भारतीय युद्धबंदियों को भर्ती किया गया। आजाद हिन्द फौज में औरतों के लिए झाँसी की रानी रेजिमेंट भी बनायी गयी।

पूर्व एशिया में नेताजी ने अनेक भाषण करके वहाँ स्थानीय भारतीय लोगों से आजाद हिन्द फौज में भरती होने का और उसे आर्थिक मदद करने का आह्वान किया। उन्होंने अपने आवाहन में संदेश दिया 'तुम मुझे खून दो, मैं तुम्हे आजादी दूँगा।'

द्वितीय विश्वयुद्ध के दौरान आजाद हिन्द फौज ने जापानी सेना के सहयोग से भारत पर आक्रमण किया। अपनी फौज को प्रेरित करने के लिए नेताजी ने चलो दिल्ली का नारा दिया। दोनों फौजों ने अंग्रेजों से अंदमान और निकोबार द्वीप जीत लिए। यह द्वीप अर्जी-हुकूमत-ए-आजाद-हिंद के अनुशासन में रहे। नेताजी ने इन द्वीपों का शहीद और स्वराज द्वीप ऐसा नामकरण किया। दोनों फौजों ने मिलकर इंफाल और कोहिमा पर आक्रमण किया। लेकिन बाद में अंग्रेजों का पलड़ा भारी पड़ा और दोनों फौजों को पीछे हटना पड़ा।

जब आजाद हिन्द फौज पीछे हट रही थी, तब जापानी सेना ने नेताजी के भाग जाने की व्यवस्था की, परंतु नेताजी ने झाँसी की रानी रेजिमेंट की लड़कियों के साथ सैकड़ों मिल चलते जाना पसंद किया। इस प्रकार नेताजी ने सच्चे नेतृत्व का एक आदर्श ही बनाकर रखा।

6 जुलाई, 1944 को आजाद हिंद रेडिओ पर अपने भाषण के माध्यम से गाँधीजी से बात करते हुए, नेताजी ने जापान से सहायता लेने का अपना कारण और अर्जी-हुकूमत-ए-आजाद-हिंद तथा आजाद हिन्द फौज की स्थापना के उद्देश्य के बारे में बताया। इस भाषण के दौरान, नेताजी ने गाँधीजी को राष्ट्रपिता बुलाकर अपनी जंग के लिए उनका आशिर्वाद माँगा। इस प्रकार, नेताजी ने गाँधीजी को सर्वप्रथम राष्ट्रपिता बुलाया।

इम्फाल का युद्ध

इम्फाल का युद्ध मार्च, 1944 से जुलाई, 1944 तक इम्फाल के आसपास जापानी सेना एवं मित्र देशों की सेनाओं के बीच लड़ा गया। जापानी सेना की कोशिश थी कि मित्र सेना को इम्फाल में हराते हुए भारत (ब्रिटिश भारत) पर आक्रमण करना था, किन्तु जापानी सेना को बहुत क्षति उठानी पड़ी और बर्मा में पीछे लौटना पड़ा।

कोहिमा का युद्ध

कोहिमा के युद्ध में आजाद हिन्द फौज द्वारा मारे गये सैनिकों की स्मृति में ब्रिटिश साम्राज्य द्वारा स्थापित युद्ध स्मारक (अंग्रेजी में सीमेट्री) कोहिमा का युद्ध द्वितीय विश्वयुद्ध के समय 1944 में ब्रितानी भारतीय सेना तथा सुभाष चन्द्र बोस के नेतृत्व में आजाद हिन्द फौज एवं जापान की संयुक्त सेना के बीच कोहिमा के आसपास में लड़ा गया एक भयंकर युद्ध था। इस युद्ध में जापानी सेना को पीछे हटना पड़ा था और यह एक महत्वपूर्ण मोड़ सिद्ध हुआ। यह युद्ध 4 अप्रैल, 1944 से 22 जून, 1944 तक तीन चरणों में लड़ा गया था। इस युद्ध को ब्रिटिश सेना से जुड़ी अब तक की सबसे बड़ी लड़ाई घोषित किया गया है। इस निर्णायक युद्ध में आजाद हिन्द फौज द्वारा मारे गये सैनिकों की स्मृति में ब्रिटिश साम्राज्य द्वारा एक युद्ध स्मारक बना दिया गया है जिसकी देखरेख कॉमनवेल्थ करता है।

युद्ध स्मारक पर लगी पट्टिका पर जॉन मैक्सवेल एडमण्ड के ये शब्द अंग्रेजी में अंकित हैं–

"When you go home tell them of us and say&For their tomorrow we gave our today"

'जब तुम घर जाओ तो हमारे बारे में सबको बताना और यह कहना कि उनके भविष्य के लिये हमने अपना वर्तमान बलिदान कर दिया।'

कोहिमा के निवासियों के अनुसार द्वितीय विश्वयुद्ध के दौरान जापानियों ने नागालैंड पर भयंकर हमला किया था जिसमें बहुत बड़ी संख्या में सैनिक और अधिकारी मारे गये थे। हमले में मारे गये इन सभी सैनिकों को गैरीसन हिल पर दफना दिया गया था। बाद में उनकी स्मृति में 1421 समाधियों का निर्माण कर दिया गया। स्थानीय निवासी उन शहीद सैनिकों को अपनी श्रद्धांजलि देने आते हैं। कोहिमा आने वाले पर्यटकों को भी ये समाधियाँ दिखायी जाती हैं।

ब्रिटेन के लिए चुनौती

लंदन द्वितीय विश्व युद्ध के दौरान वर्ष 1944 में इंफाल और कोहिमा के नजदीक नेताजी सुभाष चंद्र बोस के नेतृत्व वाली आजाद हिंद फौज और जापान की संयुक्त सेना को पीछे हटाने के लिए ब्रिटेन की सेना को काफी संघर्ष करना पड़ा था। इसे ब्रिटिश सेना से जुड़ी अब तक की सबसे बड़ी लड़ाई घोषित किया गया है। चेल्सी स्थित नेशनल म्यूजियम में शनिवार को आयोजित एक विशेष कार्यक्रम में 100 से अधिक हस्तियों ने इस लड़ाई के पक्ष में मतदान किया।

वर्ष 1944 में भारत के पूर्वोत्तर इलाके में हुई इस लघई ने नेशनल आर्मी म्यूजियम की ओर से कराई गई प्रतियोगिता में पहला स्थान हासिल किया है। ब्रिटेन की सबसे महान लड़ाई की पहचान करने के लिए आयोजित की गई इस प्रतियोगिता में इसे सबसे ज्यादा मत मिले। इंफाल और कोहिमा की लड़ाई में लेफ्टिनेंट जनरल विलियम स्लिम के नेतृत्व में ब्रिटेन और भारतीय सेना ने जापानी सेना को पीछे खदेड़ दिया था। इस लड़ाई में जापान और आजाद हिंद फौज के करीब 53 हजार सैनिक मारे गए थे और कई लापता हो गए थे। इंफाल में ब्रिटिश सेना के 12,500 सैनिक हताहत हुए थे, जबकि कोहिमा में अन्य चार हजार सैनिक मारे गए गए थे।

वोटिंग में इंफाल-कोहिमा की इस लड़ाई को पांच लड़ाइयों की सूची में सबसे पहले पायदान पर रखा गया है। इंफाल-कोहिमा की जंग को आधे से ज्यादा मत हासिल हुए। वर्ष 1944 में ही हुई नॉरमैंडी की लड़ाई को 25 फीसदी मत हासिल हुए और यह दूसरे स्थान पर रही, जबकि 1815 में लड़ी गई वाटरलू की जंग 22 फीसदी वोट के साथ तीसरे पायदान पर रही। रॉयल हिस्टोरिकल सोसायटी के फैलो व लेखक डॉक्टर रॉबर्ट लेमैन ने इंफाल-कोहिमा लड़ाई के संबंध में करीब 40 मिनट तक अपनी प्रस्तुति दी। वर्ष 1944 में इंफाल की लड़ाई मार्च-जुलाई तक चली थी, जबकि कोहिमा की लड़ाई अप्रैल में शुरू होकर जून में समाप्त हो गई थी। डॉ. लेमैन ने कहा, मुझे लग रहा था कि डी-डे या वाटरलू जैसी बड़ी लड़ाइयों में से ही कोई विजेता घोषित होगी। मुझे खुशी है कि इंफाल-कोहिमा को सबसे बड़ी लड़ाई घोषित किया गया। किसी भी लड़ाई की महानता उसके राजनीतिक, सांस्कृतिक और सामाजिक असर से आंकी जाती है।

वर्तमान समय में आजाद हिंद फौज की स्थिति

देश की आजादी के बाद नेताजी सुभाष चंद्र बोस की स्थापित की हुई आजाद हिंद फौज का उद्देश्य भले पूरा हो गया हो, छत्तीसगढ़ के जंगलों में बसे आजाद हिंद

फौज के हजारों आदिवासी सैनिक अब भी सेना की वर्दी पहने आजादी की लड़ाई लड़ रहे हैं।

इन सैनिकों के अपने नियम-कायदे हैं, अपना कानून और संविधान है, अपनी सरकार है।

इन आदिवासी सैनिकों की वर्तमान सरकार में आस्था तो है लेकिन ये मानते हैं कि जब तक देश और राज्य की बागडोर आदिवासियों के हाथ में नहीं आ जाती, तब तक ये आजादी अधूरी है। जाहिर है, इन सैनिकों की पूरी लड़ाई इसी मुद्दे पर केंद्रित है।

वर्ष 1920 में नेताजी सुभाष चंद्र बोस के निर्देश पर कांकेर के हीरा सिंहदेव मांझी ने 57 आदिवासी समुदायों को साथ लेकर मध्य भारत के आदिवासियों की आजाद हिंद फौज का गठन किया और पृथ कंगला मांझी सरकार की घोषणा की।

हम चाहते हैं कि आदिवासियों को जल, जंगल और जमीन पर हक मिले। जिन आदिवासियों ने अपना सब कुछ लुटा कर अपने को आजादी की लड़ाई में झोंक दिया, उनकी सुध लेने बाला कोई नहीं है। हम अंतर्राष्ट्रीय समाजवाद की स्थापना करना चाहते हैं

देश आजाद हुआ और इस बात को 58 साल होने को आ गए। लेकिन देश की आजादी के बाद भी आदिवासियों की इस फौज ने अपना सांगठनिक ढांचा बरकरार रखा और अब पीढ़ी दर पीढ़ी इस फौज के सैनिक आदिवासी समाज के हक की लड़ाई लड़ रहे हैं।

संगठन में बाकायदा अंतर्राष्ट्रीय नेतृत्व के लिए चुनाव होते हैं और नयी कार्ययोजनाओं पर विमर्श होता है।

हालांकि सारे मामलों में राजमाता का फैसला सर्वोपरि होता है।

संगठन में हीरा सिंहदेव मांझी की विधवा बिरझा देवी को राजमाता का दर्जा प्राप्त था, जिनका अब निधन हो चुका है। उसके बाद संगठन की कमान उनकी दूसरी पत्नी फुलवा देवी ने संभाली है।

खराब माली हालत

आजाद हिंद फौज के सैनिकों की मांग है कि वर्तमान व्यवस्था को बेहतर बनाने के लिए शासकीय नियुक्तियों में केवल फौज के सैनिकों की ही भर्ती की जाए। प्रत्येक सैनिक परिवार के एक सदस्य को नौकरी दी जाए। इसके अलावा

आदिवासी समाज के तमाम विवादित मुद्दों के निपटारे के लिए थाने और अदालत के बजाय आदिवासी पंचायत के हवाले कर देना चाहिए। साथ ही फौज से जुड़े सभी आदिवासी सैनिकों को 5-5 एकड़ कृषि योग्य जमीन भी सरकार की ओर से मिलनी चाहिए।

राजनीतिज्ञों को जब जरूरत होती है तो वो हमारे पास आते हैं लेकिन जब हमारी बारी आती है, तो उनके पास हमारे लिए समय नहीं होता।" मांगों की एक लंबी-चौड़ी सूची है। हालांकि आजाद हिंद फौज के इन सैनिकों की माली हालत खराब है। आजाद हिंद फौज की हरी वर्दी पहनने वाले बुजुर्ग और उनके बच्चों में शिक्षा का प्रचार-प्रसार अब भी नगण्य है।

अंधविश्वास ने गहराई तक इन्हें जकड़ रखा है। अधिकतर सैनिक मजदूरी करके अपनी आजीविका चला रहे हैं। लेकिन इनके हौसले बुलंद हैं। स्टार लगी हुयी वर्दी और "नया समाजवाद सरकार" की बैज लगाए युवा और बुजुर्ग सैनिकों में लड़ने का जज्बा अब भी बरकरार है। शायद यही कारण है कि चल-अचल संपत्ति की खरीद-बिक्री के लिए मांझी सैनिकों के बीच आज भी आजाद हिंद फौज का स्टॉम्प पेपर चलन में है।

"भारत भूमिका" नामक संविधान और "कानूनी रजिस्टर" का पालन करना तो इन सैनिकों के लिए एक अनिवार्य नियम की तरह है।

मांझी सरकार में आस्था रखने वाले आजाद हिंद फौज के सैनिकों का आरोप है कि पाँच सितंबर, 1984 को संगठन के मुखिया हीरा सिंहदेव मांझी की मौत के बाद देश की सरकार का रवैया बदल गया है।

जनजातीय संगठनों की भूमिका को रेखांकित करने के उद्देश्य से देश के प्रथम प्रधानमंत्री पं. जवाहरलाल नेहरू ने मांझी सरकार की स्थापना करने वाले हीरा सिंहदेव मांझी को किसी जमाने में सम्मानित भी किया था लेकिन इन सैनिकों का कहना है कि आज की सरकार इनके साथ अछूतों जैसा व्यवहार करती है और नौकरशाह इनका मजाक उड़ाते हैं।

कहीं सुनवाई नहीं

खेती और मजदूरी से समय निकाल कर बैठक, धरना, जुलूस निकालने वाले पूरे राज्य में फैले आजाद हिंद फौज के लगभग 10 हजार आदिवासी सैनिकों के इस संगठन के राजेश्वर अर्थात् सचिव मंगल सिंह मरकाम कहते हैं, "हम चाहते हैं कि आदिवासियों को जल, जंगल और जमीन पर हक मिले. जिन आदिवासियों ने अपना

सब कुछ लुटा कर अपने को आजादी की लड़ाई में झोंक दिया, उनकी सुध लेने वाला कोई नहीं है। हम अंतर्राष्ट्रीय समाजवाद की स्थापना करना चाहते हैं।"

अंतर्राष्ट्रीय समाजवाद की स्थापना के सपने संजोने वाले मंगल सिंह अपने को धमधागढ़ रियासत का वारिस बताते हैं। लेकिन छूटते ही यह बताना नहीं भूलते कि आज उनके पास कुछ भी नहीं है।

मंगल सिंह मरकाम की 15 एकड़ जमीन पर गांव के एक प्रभावशाली व्यक्ति ने बरसों से कब्जा जमा रखा है, जिसके लिए उन्होंने राज्य के मुख्यमंत्री तक से फरियाद की लेकिन कुछ नहीं हुआ।

परंपरा बैगा कहलाने वाले आजाद हिंद फौज के राज्य प्रमुख और धर्म गुरु शिव कुमार खुशेंगा का दावा है कि छत्तीसगढ़, मध्यप्रदेश, महाराष्ट्र, उड़ीसा, उत्तर प्रदेश और बिहार में मांझी व गौंड़ समुदाय से जुड़े लगभग दो लाख सैनिक सक्रिय हैं और उनका संगठन अंतर्राष्ट्रीय स्तर पर फैला है।

अपना ज्यादातर समय पूजा-पाठ में गुजारने वाले बांधा गांव के निवासी खुशेंगा राजनीतिज्ञों से खासे नाराज हैं। वे कहते हैं, "राजनीतिज्ञों को जब जरूरत होती है तो वो हमारे पास आते हैं लेकिन जब हमारी बारी आती है, तो उनके पास हमारे लिए समय नहीं होता।"

बहरहाल आजादी की लड़ाई में अपनी महत्वपूर्ण भूमिका निभाने वाले इन आदिवासी सैनिकों ने पिछले कुछ सालों से 15 अगस्त को गुलामी दिवस मनाना शुरू कर दिया है।

4

लापता होना और मृत्यु की खबर

द्वितीय विश्वयुद्ध में जापान की हार के बाद, नेताजी को नया रास्ता ढूँढना जरूरी था। उन्होंने रूस से सहायता माँगने का निश्चय किया था। 18 अगस्त, 1945 को नेताजी हवाई जहाज से मंचूरिया की तरफ जा रहे थे। इस सफर के दौरान वे लापता हो गये। इस दिन के बाद वे कभी किसी को दिखायी नहीं दिये।

23 अगस्त, 1945 को टोकियो रेडियो ने बताया कि सैगोन में नेताजी एक बड़े बमवर्षक विमान से आ रहे थे कि 18 अगस्त को ताइहोकू हवाई अड्डे के पास उनका विमान दुर्घटनाग्रस्त हो गया। विमान में उनके साथ सवार जापानी जनरल शोदेई, पाइलेट तथा कुछ अन्य लोग मारे गये। नेताजी गम्भीर रूप से जल गये थे। उन्हें ताइहोकू सैनिक अस्पताल ले जाया गया जहाँ उन्होंने दम तोड़ दिया। कर्नल हबीबुर्रहमान के अनुसार उनका अन्तिम संस्कार ताइहोकू में ही कर दिया गया। सितम्बर के मध्य में उनकी अस्थियाँ संचित करके जापान की राजधानी टोकियो के रैंकोजी मन्दिर में रख दी गयीं। भारतीय राष्ट्रीय अभिलेखागार से प्राप्त दस्तावेज के अनुसार नेताजी की मृत्यु 18 अगस्त, 1945 को ताइहोकू के सैनिक अस्पताल में रात्रि 21.00 बजे हुई थी।

स्वतन्त्रता के पश्चात् भारत सरकार ने इस घटना की जाँच करने के लिये 1956 और 1977 में दो बार आयोग नियुक्त किया। दोनों बार यह नतीजा निकला कि नेताजी उस विमान दुर्घटना में ही मारे गये। लेकिन जिस ताइवान की भूमि पर यह दुर्घटना होने की खबर थी उस ताइवान देश की सरकार से इन दोनों आयोगों ने कोई बात ही नहीं की।

सन् 1999 में मनोज कुमार मुखर्जी के नेतृत्व में तीसरा आयोग बनाया गया। 2005 में ताइवान सरकार ने मुखर्जी आयोग को बता दिया कि 1945 में ताइवान की भूमि पर कोई हवाई जहाज दुर्घटनाग्रस्त हुआ ही नहीं था। 2005 में मुखर्जी आयोग ने भारत सरकार को अपनी रिपोर्ट पेश की जिसमें उन्होंने कहा कि नेताजी की मृत्यु उस विमान दुर्घटना में होने का कोई सबूत नहीं है। लेकिन भारत सरकार ने मुखर्जी आयोग की रिपोर्ट को अस्वीकार कर दिया।

18 अगस्त, 1945 के दिन नेताजी कहाँ लापता हो गये और उनका आगे क्या हुआ यह भारतीय इतिहास का सबसे बड़ा अनुत्तरित रहस्य बन गया है।

देश के अलग-अलग हिस्सों में आज भी नेताजी को देखने और मिलने का दावा करने वाले लोगों की कमी नहीं है। फैजाबाद के गुमनामी बाबा से लेकर छत्तीसगढ़ की राजधानी रायगढ़ तक में नेताजी के होने को लेकर कई दावे पेश किये गये लेकिन इन सभी की प्रामाणिकता संदिग्ध है। छत्तीसगढ़ में तो सुभाष चन्द्र बोस के होने का मामला राज्य सरकार तक गया, परन्तु राज्य सरकार ने इसे हस्तक्षेप के योग्य न मानते हुए मामले की फाइल ही बन्द कर दी।

मृत्यु की खबर पर रहस्य

इंडियन नेशनल आर्मी के संस्थापक नेताजी सुभाष चंद्र बोस की मृत्यु पर इतने वर्ष व्यतीत हो जाने के बाद भी रहस्य छाया हुआ है। सुभाषचंद्र बोस की मृत्यु हवाई दुर्घटना में मानी जाती है। समय गुजरने के साथ ही भारत में भी अधिकांश लोग ये मानते हैं कि नेताजी की मौत ताइवान में विमान हादसे में हुई। इसके अलावा एक वर्ग ऐसा भी है, जो विमान हादसे की बात को स्वीकार नहीं करता। ताइवान सरकार ने भी कहा था कि 1944 में उसके देश में कोई विमान हादसा नहीं हुआ। माना जाता है कि दूसरे विश्व युद्ध में जापान के आत्मसमर्पण के कुछ दिन बाद दक्षिण पूर्वी एशिया से भागते हुए एक हवाई दुर्घटना में 18 अगस्त, 1945 को बोस की मृत्यु हो गई। एक मान्यता यह भी है कि बोस की मौत 1945 में नहीं हुई, वह उसके बाद रूस में नजरबंद थे।

उनके गुमशुदा होने और दुर्घटना में मारे जाने के बारे में कई विवाद छिड़े, लेकिन सच कभी सामने नहीं आया। हालांकि एक समाचार चैनल से खास साक्षात्कार में नेताजी सुभाष चंद्र बोस की बेटी अनीता बोस ने कहा था कि उन्हें भी इस बात पर पूरा यकीन है कि उनके पिता की मौत दुर्भाग्यपूर्ण विमान हादसे में हो गई। उन्होंने कहा था कि नेताजी की मौत का सबसे बड़ा कारण विमान हादसा

ही है। कमोबेश उनकी मौत विमान हादसे की वजह से मानी जाती है। इसके अलावा जो बातें हैं, महज अटकलबाजी हो सकती हैं। मुझे पूरा विश्वास है कि नेताजी की मौत विमान हादसे में हुई। अनिता ने इस इंटरव्यू के दौरान कहा था कि अगर नेताजी विमान हादसे के बाद कहीं छिपे होते तो उन्होंने अपने परिवार से संपर्क करने की कोशिश की होती और नहीं तो जब देश आजाद हुआ तो वे भारत अवश्य ही वापस लौट आते। अधिकांश लोगों का यही मानना है कि दक्षिण-पूर्वी एशिया से भागते हुए हवाई दुर्घटना में जल जाने से हुए घावों के कारण ताइवान के एक जापानी अस्पताल में सुभाष चंद्र बोस की मृत्यु हुई। उनकी मृत्यु पर किसी को विश्वास ही नहीं हुआ। लोगों को लगा कि किसी दिन वे फिर सामने आ खड़े होंगे। आज इतने वर्षों बाद भी जनमानस उनकी राह देखता है। वे रहस्य थे ना और रहस्य को भी कभी किसी ने जाना है?

रैंकोजी मन्दिर में नेताजी की अस्थियां

रैंकोजी मन्दिर, जापान के टोकियो में स्थित एक बौद्ध मन्दिर है। 1594 में स्थापित यह मन्दिर बौद्ध स्थापत्य कला का दर्शनीय स्थल है। एक मान्यता के अनुसार भारतीय स्वतन्त्रता संग्राम के अग्रिम सेनानी सुभाष चन्द्र बोस की अस्थियाँ यहाँ आज भी सुरक्षित रखी हुई हैं। दरअसल 18 सितम्बर, 1945 को उनकी अस्थियाँ इस मन्दिर में रखी गयीं थीं, परन्तु प्राप्त दस्तावेजों के अनुसार नेताजी की मृत्यु एक माह पूर्व 18 अगस्त, 1945 को ही ताइहोकू के सैनिक अस्पताल में रात्रि 21.00 बजे हो गयी थी। भारत सरकार के विदेश मन्त्रालय ने भी इस बात की पुष्टि की है क़ि जापान में टोकियो के रैंकोजी मन्दिर में रखी अस्थियाँ बोस की ही हैं। जापान के लोग यहाँ प्रतिवर्ष 18 अगस्त को नेताजी सुभाषचन्द्र बोस का बलिदान दिवस मनाते हैं।

भारत सरकार के अलावा पश्चिम बंगाल की राज्य सरकार से भी सुभाषचन्द्र बोस से सम्बन्धित गुप्त फाइलों को सार्वजनिक करने की माँग की गयी।

जब अन्त्येष्टि के एक माह पश्चात् सुभाषचन्द्र बोस का अस्थिकलश ताईहोकू से जापान लाया गया तो मन्दिर के प्रमुख पुजारी मोचीजुकी ने उसे मन्दिर में एक सुरक्षा कवच (सेफ कस्टडी) की तरह सुरक्षित रखने की आज्ञा प्रदान की थी। तभी से उनका अस्थि कलश यहाँ रखा हुआ है। सुभाष के संगी-साथी व उनके प्रति अपनी निष्ठा रखने वाले लोग प्रति वर्ष उनकी पुण्य तिथि पर एकत्र होकर उन्हें अपनी श्रद्धांजलि अर्पित करते हैं। बोस की ये अस्थियाँ मन्दिर परिसर स्थित एक स्वर्णिम

पैगोडा में रखी गयी हैं। उसी के बाहर सुभाष की एक छोटी सी प्रतिमा भी लगा दी गयी है जिससे आगन्तुकों का ध्यान इस ओर आकर्षित किया जा सके। इस तथ्य की पुष्टि भारत सरकार द्वारा गठित जी. डी. खोसला आयोग की रिपोर्ट में भी हो चुकी है।

अस्थियों पर विवाद

जर्मनी में अपने पति के साथ रह रही सुभाष की पुत्री अनिता बोस फाफ को यह विश्वास है कि उनके पिता की मृत्यु ताईपेन्ह में ही हुई थी और रैंकोजी मन्दिर में रखी अस्थियाँ उनके पिता की ही हैं। मुखर्जी आयोग की रिपोर्ट पर बुद्धिजीवियों का यह तर्क है कि सुभाष की नीति दुश्मन के दुश्मन को दोस्त बनाने की थी। उनकी मृत्यु विमान दुर्घटना में ही हुई थी जिसके लिये वे भूतपूर्व ब्रिटिश खुफिया अफसर का हवाला देते हैं जिसने कहा था कि यदि उसे सुभाष जिन्दा मिल जाता तो वह उसे मौत की सजा अवश्य दिलाता, परन्तु भारत में रह रहे कुछ लोगों का ऐसा भी मानना था कि फैजाबाद में बोस वेश बदलकर गुमनामी बाबा के रूप में काफी लम्बे समय तक रहे और वहीं उनकी मृत्यु हुई। कोलकाता की एक इतिहासकार ने सन् 1945 के बाद नेताजी के रूस में होने की खबर का हवाला देते हुए भारत सरकार से उन सभी गोपनीय फाइलों को सार्वजनिक करने की माँग की जो जोसेफ स्टालिन की पुत्री स्वेतलाना ने भारत सरकार के गृह मन्त्रालय को सौंपी थीं।

हिन्दू धर्म में कोई व्यक्ति जब मरता है तो दाह संस्कार करने के बाद उसकी अस्थियों को किसी पवित्र नदी या गंगा सागर में विसर्जित करने की परम्परा है। इसके साथ यह मान्यता भी है कि यदि कोई हिन्दू किसी ऐसे स्थान पर मरे जहाँ आस-पास कोई भारतीय नदी न हो तो उसकी अस्थियों को किसी पोटली में बाँधकर या तो पीपल के वृक्ष की किसी शाखा पर लटका दिया जाता है या फिर पास के ही किसी मन्दिर में रख दिया जाता है। उसके बाद उनके परिवार के लोग उन अस्थियों को अपनी सुविधानुसार गंगा या अन्य किसी पवित्र नदी में प्रवाहित कर देते हैं। परन्तु नेताजी के अस्थि-कलश के साथ ऐसा भी नहीं हुआ। उनकी मृत्यु विमान दुर्घटना में हुई अथवा नहीं हुई इस पर विवाद पैदा कर दिया गया। भारत सन् 1947 में आजाद हो गया। तब से लेकर आज तक इस विवाद की जाँच के लिये तीन-तीन आयोग बैठाये गये। पहले शाहनवाज आयोग, फिर खोसला आयोग और सबसे अन्त में मुखर्जी आयोग ने इसकी जाँच की परन्तु परिणाम कुछ नहीं निकला। 8 नवम्बर, 2005 को जस्टिस मुखर्जी आयोग ने अपनी रिपोर्ट सरकार को

सौंपी। 17 मई, 2006 को संसद में इस पर खूब बहस हुई और बताया गया कि नेताजी की मौत विमान दुर्घटना में नहीं हुई। साथ ही यह भी कहा गया कि रैंकोजी मन्दिर में रखी जिन अस्थियों का सम्बन्ध सुभाषचन्द्र बोस से बतलाया जाता है वे उनकी नहीं हैं। बाद में भारत सरकार ने मुखर्जी आयोग की वह रिपोर्ट खारिज कर दी।

विवाद का हल

सन् 1933 से 1936 तक सुभाषचन्द्र बोस यूरोप में रहे। सन् 1934 में जब वे ऑस्ट्रिया में अपना इलाज कराने गये थे, उस दौरान उनके सम्पर्क में एमिली शेंकल नामक एक ऑस्ट्रियन महिला आयी। बाद में उन्होंने सन् 1942 में हिन्दू रीति रिवाज के अनुसार एमिली से विवाह कर लिया। वियेना में एमिली ने एक पुत्री को जन्म दिया जिसका नाम अनिता बोस रखा गया। अगस्त, 1945 में ताइवान में हुई तथाकथित विमान दुर्घटना में जब सुभाष की मौत हुई, अनिता पौने तीन साल की थी। बोस की बेटी अनिता विवाहित हैं और अभी जीवित हैं। वह अपने पिता के परिवारजनों से मिलने हेतु कभी कभार भारत-भ्रमण भी करती रहती हैं।

सोशल मीडिया पर कुछ बुद्धिजीवियों ने यह सुझाव पेश किया था कि रैंकोजी मन्दिर परिसर के पैगोडा में रखी सुभाष की अस्थियाँ जापान सरकार से भारत मँगा ली जायें और उनकी पुत्री अनिता फाफ को भारत बुलाकर अस्थियों का डीएनए टेस्ट कराया जाये। इससे नेताजी विमान दुर्घटना में मरे अथवा नहीं मरे इस विवाद का अन्त हो जायेगा और हिन्दू परम्परा के अनुसार पिता की अस्थियों को गंगा नदी में विसर्जित करने की उनकी पुत्री की इच्छा भी पूरी हो जायेगी। जी न्यूज टीवी चैनेल को दिये एक साक्षात्कार में अनिता फाफ अपनी यह इच्छा व्यक्त भी कर चुकी हैं।

कुछ लोगों का यह मानना है कि फैजाबाद में लम्बे समय तक रहते हुए वहीं पर अन्तिम साँस लेने वाले गुमनामी बाबा ही वास्तव में नेताजी सुभाषचन्द्र बोस थे जो वेश बदलकर वहाँ रह रहे थे। जब यह मामला इलाहाबाद उच्च न्यायालय ले जाया गया तो उसकी लखनऊ बेंच ने इस बात पर हैरानी जतायी कि भारत सरकार ने जापान के रैंकोजी मन्दिर में रखी राख का डीएनए टेस्ट अभी तक क्यों नहीं कराया?

सुनवाई के लिये विशेष पीठ का गठन

कलकत्ता हाई कोर्ट ने नेताजी के लापता होने के रहस्य से जुड़े खूफिया दस्तावेजों को सार्वजनिक करने की माँग पर सुनवाई के लिये स्पेशल बेंच के गठन का आदेश दे दिया है। यह याचिका सरकारी संगठन इंडियाज स्माइल द्वारा दायर की गयी है। इस याचिका में भारत संघ, राष्ट्रीय सलाहकार परिषद्, रॉ, खुफिया विभाग, प्रधानमंत्री के निजी सचिव, रक्षा सचिव, गृह विभाग और पश्चिम बंगाल सरकार सहित कई अन्य लोगों को प्रतिवादी बनाया गया है।

भारत की स्वतन्त्रता पर नेताजी का प्रभाव

हिरोशिमा और नागासाकी के विध्वंस के बाद सारे संदर्भ ही बदल गये। आत्मसमर्पण के उपरान्त जापान चार-पाँच वर्षों तक अमेरिका के पाँवों तले कराहता रहा। यही कारण था कि नेताजी और आजाद हिन्द सेना का रोमहर्षक इतिहास टोकियो के अभिलेखागार में वर्षों तक पड़ा धूल खाता रहा।

नवम्बर 1945, में दिल्ली के लाल किले में आजाद हिन्द फौज पर चलाये गये मुकदमे ने नेताजी के यश में वर्णनातीत वृद्धि की और वे लोकप्रियता के शिखर पर जा पहुँचे। अंग्रेजों के द्वारा किए गये विधिवत दुष्प्रचार तथा तत्कालीन प्रमुख राजनीतिक दलों द्वारा सुभाष के विरोध के बावजूद सारे देश को झकझोर देने वाले उस मुकदमे के बाद माताएँ अपने बेटों को 'सुभाष' का नाम देने में गर्व का अनुभव करने लगीं। घर-घर में राणा प्रताप और छत्रपति शिवाजी महाराज के जोड़ पर नेताजी का चित्र भी दिखाई देने लगा।

आजाद हिन्द फौज के माध्यम से भारत को अंग्रेजों के चंगुल से आजाद करने का नेताजी का प्रयास प्रत्यक्ष रूप में सफल नहीं हो सका, किन्तु उसका दूरगामी परिणाम हुआ। सन् 1946 के नौसेना विद्रोह इसका उदाहरण है। नौसेना विद्रोह के बाद ही ब्रिटेन को विश्वास हो गया कि अब भारतीय सेना के बल पर भारत में शासन नहीं किया जा सकता और भारत को स्वतन्त्र करने के अलावा उनके पास कोई दूसरा विकल्प नहीं बचा।

आजाद हिन्द फौज को छोड़कर विश्व-इतिहास में ऐसा कोई भी दृष्टांत नहीं मिलता जहाँ तीस-पैंतीस हजार युद्धबन्दियों ने संगठित होकर अपने देश की आजादी के लिए ऐसा प्रबल संघर्ष छेड़ा हो।

जहाँ स्वतन्त्रता से पूर्व विदेशी शासक नेताजी की सामर्थ्य से घबराते रहे, तो स्वतन्त्रता के उपरान्त देशी सत्ताधीश जनमानस पर उनके व्यक्तित्व और कर्तृत्व के अमिट प्रभाव से घबराते रहे। स्वातन्त्र्यवीर सावरकर ने स्वतन्त्रता के उपरान्त देश के क्रांतिकारियों के एक सम्मेलन का आयोजन किया था और उसमें अध्यक्ष के आसन पर नेताजी के तैलचित्र को आसीन किया था। यह एक क्रान्तिवीर द्वारा दूसरे क्रान्तिवीर को दी गयी अभूतपूर्व सलामी थी।

5

सुभाष चंद्र बोस का योगदान

बीसवीं सदी में भारतीय राजनीति में कोई स्वप्नदृष्टा हुआ है तो वह थे नेताजी सुभाष चंद्र बोस। वे कुल 48 वर्ष जिए पर इतनी कम उम्र में ही वे भारतीय राजनीति में धूमकेतु की तरह चमके और अपनी चमक बिखेर कर विलीन हो गए। एक ऐसा नेता जिसने जो स्वप्न देखा उसे पूरा किया और प्राप्त किया। पर इतना निर्लिप्त भी कि उसे अपने लक्ष्य को पाने के बाद त्यागने में भी पल भर की भी देरी नहीं हुई।

नेताजी विलक्षण रहे। न मोह न माया न ममता बस ध्येय देश की आजादी। उनकी एक आवाज पर देशभक्त अंग्रेज फौज छोड़कर आ गए और एक आवाज पर लोगों ने बिना सवाल किए अपना सब कुछ न्योछावर कर दिया। पर चूंकि इतिहास सिर्फ विजेता की गाथा कहता है, इसीलिए नेताजी सुभाष चंद्र बोस भारतीय इतिहास में नायकों के रूप में विस्मृत कर दिए गए। हालांकि भारतीय जनमानस में उनकी छवि एक नायक की ही रही, इसीलिए जनता के दिलोदिमाग में नेताजी सिर्फ एक ही व्यक्ति रहा और वह नेताजी सुभाष चंद्र बोस रहे।

सुभाष चंद्र बोस को अपने घर पर अपनी मां से देशभक्ति और राष्ट्रप्रेम के संस्कार मिले। पहले तो उन्हें लगा कि देश की जनता की सेवा अंग्रेज सरकार में कलेक्टर बनकर की जा सकती थी इसीलिए वे लंदन जाकर सिविल सेवा की परीक्षा में बैठे और पास हुए पर फिर लगा कि यह सिर्फ मृग मरीचिका ही है। इसलिए उन्होंने इस नौकरी को लात मार दी और राजनीति में आ गए। उनकी मशहूर पुस्तक

तरुणाई के सपने में यह सब बातें विस्तार से बताई गई हैं। सुभाषचंद्र बोस के पिता बंगाल प्रांत के ओडीशा डिवीजन में कटक में वकालत करते थे। उनकी मां प्रभावती देवी एक सामान्य घरेलू महिला थीं। अपने चौदह भाई-बहनों में सुभाष बोस नौवें नंबर के बच्चे थे। कटक के प्रोटेस्टेंट स्कूल में उनकी शुरुआती पढ़ाई हुई। 1913 में वे कोलकाता के प्रेसीडेंसी कालेज में गए और बाद में स्काटिश चर्च कालेज से दर्शन में उन्होंने बी.ए. किया। अपने पिता की इच्छा को पूरा करते हुए वे इंग्लैंड गए और वहां के फिट्जविलियन कालेज से पढ़ाई पूरी की और इंडियन सिविल सर्विस की परीक्षा में बैठे और जल्द ही उन्हें लग गया कि कलेक्टर बनना और देश सेवा में फर्क है। इसलिए सिविल सर्विस की परीक्षा के 1919 बैच में चयनित होने तथा चौथे नंबर पर आने के बाद भी उन्होंने सरकारी नौकरी नहीं की। 1921 में उन्होंने इंडियन सिविल सर्विस से इस्तीफा दे दिया।

तेईस अप्रैल, 1931 को वे भारत लौट आए और स्वराज नाम से एक अखबार निकालना शुरू किया। उस समय कांग्रेस के एक दिग्गज नेता चितरंजन दास उनके राजनीतिक गुरु थे। सुभाष बोस बहुमुखी प्रतिभा के धनी ही नहीं थे, बल्कि हर जगह वे अव्वल रहे। जब वे अखिल भारतीय युवा कांग्रेस के लिए चुने गए तो भी उन्हें बंगाल की प्रांतीय कांग्रेस कमेटी के सचिव पद पर रखा गया था। यही नहीं बाबू चितरंजन दास के अखबार फारवर्ड के संपादक भी वही थे। बाबू चितरंजन दास जब कलकत्ता नगर निगम के मेयर बने तो सुभाष बोस को उन्होंने निगम का सीईओ बनाया। बोस को 1925 में गिरफ्तार कर बर्मा की मांडले जेल में भेज दिया गया। 1927 में जेल से रिहा होने के बाद वे कांग्रेस के महासचिव बनाए गए और तत्कालीन कांग्रेस अध्यक्ष जवाहर लाल नेहरू के साथ काम करने लगे। उन्हीं दिनों उन्होंने कलकत्ता में कांग्रेस की अखिल भारतीय सभा करवाई और कांग्रेस स्वयंसेवकों की कमांडरी उन्हें सौंपी गई। बतौर कमांडर उनके काम की तारीफ खुद महात्मा गाँधी ने भी की थी। उनकी इस कमांडरी के बाद ही उन्हें नेताजी का खिताब मिला।

सन् 1929 में उन्हें गिरफ्तार किया गया और रिहा होने के बाद वे यूरोप गए तथा इटली के डिक्टेटर मुसोलिनी से मिले। नेताजी का मकसद अपने देश की आजादी थी इसलिए वे येन केन प्रकारेण देश से अंग्रेजों को भगाना चाहते थे। भले इसके लिए उन्हें दुनिया के किसी भी अंग्रेज विरोधी नेता से हाथ मिलाना पड़े। यूरोप में रहकर उन्होंने कम्युनिज्म और फासिज्म का अध्ययन किया और भारत के संघर्ष पर एक पुस्तक लिखी। मगर अंग्रेज नेता जी की इन गतिविधियों

से भयभीत थे और उन्हें कांग्रेस से ही हटवाने के पक्षधर थे। इसलिए उन्होंने नेताजी की पुस्तक की भारत में बिक्री पर रोक लगा दी। 1938 तक नेताजी सुभाष चंद्र बोस देश के राजनीतिक परिदृश्य पर तेजी से उभर रहे थे। 1938 में गुजरात के हरिपुरा में हुई कांग्रेस कमेटी की बैठक में नेताजी सुभाष चंद्र बोस को कांग्रेस अध्यक्ष चुन लिया गया। गाँधी जी के लिए यह एक झटका था क्योंकि वे उन्हें पसंद नहीं करते थे। त्रिपुरी में जब कांग्रेस सम्मेलन हुआ तो गाँधी जी के अधिकृत उम्मीदवार पट्टाभि सीतारामैया को 200 से भी अधिक वोटों से हराकर नेताजी सुभाष बोस पुनः कांग्रेस के अध्यक्ष निर्वाचित हो गए। वह तो महात्मा गाँधी द्वारा कांग्रेस छोड़े जाने की धमकी के चलते नेताजी सुभाष चंद्र बोस ने कांग्रेस के अध्यक्ष का पद छोड़ दिया।

इसके बाद सुभाष चन्द्र बोस ने कांग्रेस छोड़ दी और 22 जून, 1939 को आल इंडिया फारवर्ड ब्लाक बनाई। मगर इसका असर उनके गृह राज्य बंगाल तक ही सीमित रहा। देशभक्ति के प्रति अपने असीम जज्बे के चलते वे हिटलर और जापान से मदद लेकर अंग्रेजों के विरुद्ध घेराबंदी करने लगे। जो महात्मा गाँधी दूसरे विश्वयुद्ध के शुरू होने तक अंग्रेजों की मदद की अपील कर रहे थे, उन्हीं महात्मा गाँधी ने नेताजी की अपार लोकप्रियता को देखते हुए 1942 में अंग्रेजों के खिलाफ जाकर भारत छोड़ो का नारा दिया और अंग्रेजों के लिए मुश्किल हो गया कि वे भारत देखें या अपना खुद का मुल्क और वे भारत की आजादी के लिए राजी हो गए। मगर नेता जी तब तक बहुत दूर जा चुके थे। 18 अगस्त, 1945 को रहस्यमयी परिस्थितियों में एक विमान दुर्घटना में नेता जी का निधन हो गया। पर मात्र 48 साल की जिंदगी पाकर इस युवा नेता ने जितना भारत की जनता को आलोड़ित किया, उतना शायद आज तक के इतिहास में कोई नहीं कर पाया।

आजादी के आंदोलन में नेताजी सुभाष चन्द्र बोस व पश्चिम बंगाल का योगदान

गुरु पूज्य कृपालु देव जी महाराज व क्रांतिकारी रास बिहारी बोस आपस में अंतरंग मित्र थे। रास बिहारी बोस को क्रांतिकारियों का पितामह कहा जाता है। जिस समय दिल्ली में वायसराय पर बम फैंका गया और पुलिस उनके पीछे पड़ी थी, उस समय पुलिस से डरकर क्रांतिकारियों को कोई शरण देने के लिये तैयार नहीं था, उस समय कृपालु बाग आश्रम में पूज्य कृपालु देव जी ने क्रांतिकारियों का भरपूर सहयोग किया था।

पश्चिम बंगाल की बात की जाए तो वे व्यक्ति जिसके बारे में दुनिया ये मानती थी कि वो एक बार कदम उठा ले, किसी कार्य को करने की सोच ले तो वो अपने कदम पीछे नहीं हटाता था। ऐसे महान सेनापति नेताजी सुभाष चन्द्र बोस की यह धरती है। आजादी की लड़ाई में नेताजी का योगदान कितना है, इसको एक छोटी सी घटना से समझा जा सकता है। 1947 में में जब भारत से अंग्रेज चले गए

थे उस समय ब्रिटेन का प्रधानमंत्री था एटली 1956 में जब में पश्चिम बंगाल में घूमने के लिए आया तो उस समय बंगाल में हाईकोर्ट के चीफ जस्टिस पी. वी. चक्रवर्ती वहां के कार्यवाहक राज्यपाल होते थे। उनके यहाँ वो जब ठहरा तो चक्रवर्ती जी ने एटली से पूछा कि 1947 में आपने भारत को आजाद क्यों किया? 1942 में जब आपने महात्मा गाँधी जी के आंदोलन को कुचल दिया था। 1945 में विश्व युद्ध में आपने जीत दर्ज कर ली थी और आपके पास परमाणु बम जैसे हथियार थे, फिर भी आपने आजादी क्यों दी? तो एटली ने कहा कि भारत को आजाद करने के वैसे तो कई कारण थे लेकिन उसमें सबसे बड़ा कारण था नेताजी सुभाष चन्द्र बोस। जब चक्रवर्ती जी ने यह पूछा कि सुभाष चन्द्र बोस को तो आपने 1933 में ही देश निकाला कर दिया था और वो तो 1941 में देश छोडकर चले गए थे तो नेताजी इसका कारण कैसे हुए? इसपर एटली ने जबाब दिया कि नेताजी ने जो सबसे बड़ा काम किया वो यह किया कि हम भारत के ऊपर राज करते भारतीय सैनिकों की बदोलत। भारतीय सैनिक ब्रिटिश राजमुकुट में श्रद्धा रखते थे और हमारे आदेशानुसार चलते थे। नेताजी ने जब आजाद हिंद फौज बनाई तो उन भारतीय सैनिकों की श्रद्धा ब्रिटेन के राजमुकुट में नहीं रही। यह एक बड़ा कारण है। जैसे ही आजाद हिंद सेना ने भारत के रास्ते, बर्मा के रास्ते, मणिपुर व मेघालय के रास्ते आक्रमण किया और नेताजी ने चल्लो दिल्ली का नारा दिया उस समय भारत के अंदर जितने सैनिक थे उन्होंने अंग्रेजो के खिलाफ विद्रोह कर दिया। नेताजी ने हामारी रीढ़ की हड्डी तोड़ दी और उसके बाद पूरा भारत ज्वालामुखी की तरह जलने लगा तो हमें लगा कि अब हमें भारत छोड़कर चले जाना चाहिए।

इसी तरह एक और प्रसंग आता है कि नेताजी ने जब 1942 में हिटलर से मुलाकत की थी। वो हिटलर जिससे सारी दुनिया कांपती थी। उस हिटलर के समक्ष नेताजी ने बड़ी निर्भीकता के साथ उसके द्वारा लिखी गई आत्मकथा जिसमें भारत के लोगों के बारे में कुछ गलत टिप्पणियाँ लिखी थीं, उसको नेताजी ने हिटलर के सामने उठाया था और उससे कहा था की आप जैसा सोचते हैं वैसा भारत में नहीं है। आप अपनी इस पुस्तक के अगले संस्करण में इन त्रुटियों को ठीक करें। ऐसा कहने की हिम्मत वो भी एक दूसरे देश के नागरिक की और हिटलर के सामने किसी की नहीं हो पाती थी वो हिम्मत नेताजी ने दिखाई थी। हिटलर ने नेताजी को कहा कि जर्मनी में एक शब्द होता है फ्युरर इसका अर्थ होता है "नेताओं का नेता"।

हिटलर ने नेताजी को खुद कहा कि तुम भारत के फ्युरर हो अर्थात् भारत के नेताओं के नेता हो। 1938 में जब नेता जी काँग्रेस के अध्यक्ष बने। उसके बाद दूसरा

विश्व युद्ध प्रारम्भ हो गया था। नेताजी ने भारत के कई नेता जैसे गाँधीजी, पटेल जी, नेहरू जी और कई नेताओं से आग्रह किया कि इस युद्ध में हम अंग्रेजो के ऊपर पूरी ताकत के साथ प्रहार करें, जबकि गाँधीजी यह कहते थे कि दुश्मन जब कमजोर हो तो उस समय प्रहार करना उचित नहीं है। नेताजी यह सोचते थे कि हमें कैसे भी करके आजादी लेनी है तो 1939 में गाँधीजी ने नेताजी को काँग्रेस का अध्यक्ष नहीं बनाया। पहली बार चुनाव करवाए गए और गाँधीजी की ओर से पट्टा बी. सीताराम रमैया को उम्मीदवार बनाया गया और दूसरी तरफ नेताजी खड़े हुए। काँग्रेस के इतिहास में यह सबसे बड़ी घटना हुई कि नेताजी ने पट्टा बी. सीताराम को 201 वोटों से हराकर जीत हासिल की थी और उसके बाद गाँधीजी को यह कहना पड़ा था कि यह मेरी व्यक्तिगत हार है। अप्रैल 1939 में नेताजी ने काँग्रेस को छोड़ दिया और उसके बाद अंग्रेजों को अन्तर्राष्ट्रीय स्तर पर गिराने के लिए नेताजी ने भारत के बाहर सबसे बड़ा कार्य यह किया कि 1943 में भारत के बाहर आजाद हिंद सरकार का गठन किया और सारे अंग्रेजों को आक्रमणकारी घोषित कर दिया और 09 देशों से उसको मान्यता भी दिलवा दी ये नेताजी की सबसे बड़ी बुद्धिमानी थी। कई लोगों ने नेताजी के बारे में भला-बुरा कहा लेकिन नेताजी ने सबका सदैव सम्मान किया।

महात्मा गाँधीजी को सबसे पहले राष्ट्रपिता का संबोधन 06 जुलाई, 1944 को टोकियो जापान के रेडियो सन्देश में नेताजी ने दिया था।

रंगून के जुबली हाल में नेताजी ने नारा दिया था कि 'तुम मुझे खून दो मैं तुम्हें आजादी दूँगा' नेताजी ने उस समय लोगों से दान देने का आह्वान किया था और जब यह आह्वान किया तो सभा में एक व्यक्ति खड़ा हुआ और उसने उस समय अपनी एक करोड़ की सम्पत्ति नेताजी को दान कर दी और वो एक रंगून का मुस्लिम व्यक्ति था। जब नेताजी ने उससे पूछा कि तुमने अपना सब कुछ दे दिया अब तुम क्या करोगे तो उसने उत्तर दिया कि मैं खुद आजाद हिंद सेना में भर्ती होऊंगा और मेरी पत्नी रानी लक्ष्मी बाई रेजिमेंट में भर्ती होगी और मेरा बेटा नेताजी की बाल सेना में कार्य करेगा।

सन् 1943-44 में जब महिलाओं को बुरी स्थिति में रखा जाता था, उस समय नेताजी ने रानी लक्ष्मीबाई रेजिमेंट की स्थापना करके माताओं और बहनों को सम्मान दिया था। 1947 में जब भारत का विभाजन हुआ तो खुद गाँधीजी को यह कहना पड़ा था कि आज अगर नेताजी जिन्दा होते तो भारत का विभाजन नहीं होने देते। नेताजी जी सेना में हिन्दुओं और मुसलमानों को बराबर का सम्मान

था। वे उनको बराबर सहयोग देते थे। 18 अगस्त 1945 को जब नेताजी ने अंतिम उड़ान भरी थी तो उनके साथ हबीबुर्रहमान था जो कि एक मुस्लिम व्यक्ति ही था। आजाद हिंद सरकार का गठन किया तो नेताजी को पूरा भरोसा था कि मैं जो कार्य करा रहा हूं उससे भारत को आजादी तो जल्द ही मिलने वाली है लेकिन उसके बाद भी यदि अंग्रेजों के द्वारा बनाई गई व्यवस्थाएँ नहीं बदलीं तो हम सही मायने में आजाद नहीं हो पायेंगे। इसके लिए नेताजी ने भारत के अलग-अलग विद्वानों के दल बनाये और उनको आस्ट्रिया, जर्मनी, रूस, फ्रांस, युगोस्लाविया, बुल्गेरिया व अनेक देशों की व्यवस्थाओं का अध्ययन करने के लिए भेज दिया था। वे भारत की शिक्षा, चिकित्सा, अर्थ, कृषि, सहित अनेक व्यवस्थाओं को बदलना चाहते थे लेकिन दुर्भाग्य यह रहा कि नेताजी चले गए और वे सभी व्यवस्थाएँ नहीं बदल पाईं और भारत की जनता को सही मायने में न्याय नहीं मिल पाया।

क्रांतिकारी साथी मोहन लहरी का सहयोग

मोहन लहरी प्रखर वक्ता तथा हिन्दी, अंग्रेजी, फ्रेंच, जापानी तथा जर्मन भाषाओं के विद्वान थे। मूलतः पत्रकार श्री लहरी, रासबिहारी बोस के साथ मिल कर क्रांतिकारी आन्दोलन के सहभागी बने तथा अपने सबसे ताकतवर हथियार 'कलम' से भी अंग्रेजी हुकूमत की नींव हिलाते रहे। उन्होंने फिलीपीन्स की फ्लोरा फ्रांसिस से प्रेम विवाह किया था। चौदह साल के दाम्पत्य जीवन में उनकी एक कन्या भी थी। क्रांतिकारी और उसके परिजनों का जीवन सर्वदा दाँव पर लगा रहता है। वे नेताजी सुभाष चन्द्र बोस के साथ जापान में रहे साथ ही जापानी अखबार निशि निशि के लिये पत्रकारिता भी कर रहे थे। एक दिन वे नेताजी के साथ किसी कार्य से बाहर थे, तभी उनके बंगले को आठ टन का बम गिरा कर नष्ट कर दिया गया। इस हमले में श्री मोहन लहरी की पत्नी तथा पुत्री मारे गये। श्री लहरी कुछ समय तक मानसिक रूप से आहत रहे तथा अस्पताल में भी थे।

जापान से अपने परिजनों की निरंतर तड़पाती यादों से भाग कर वे नेताजी के निर्देश पर रंगून आ गये। श्री लहरी जनरल आंग सांग से भी संपर्क में थे। बर्मा पहुँच कर उन्होंने वायस ऑफ बर्मा नाम का अखबार निकाला और कलम से स्वतंत्रता की लड़ाई लड़ने लगे। उनसे बात करने वाले जानते हैं कि किस रुचिकर तरीके से श्री लहरी स्वतंत्रता प्राप्ति के पश्चात भारत लौटने की घटना का वर्णन करते थे, जब नेताजी के साथी होने के कारण उनके पीछे बहुत समय तक जासूस

लगे रहे। आखिर श्री लहरी एक समय में नेताजी सुभाष चंद्र बोस की आजाद हिंद सरकार के मिनिस्ट्री आफ प्रेस पब्लिसिटी एंड प्रोपागेंडा के प्रोग्रामिंग आफिसर रहे थे। अपनी जासूसी से तंग आकर दबंग श्री लहरी ने सीधे ही प्रधानमंत्री जवाहर लाल नेहरू को पत्र लिखा। इसके बाद नेहरू जी से उनकी दार्जलिंग में मुलाकात हुई। पंडित नेहरू ने उन्हें चाइल्ड वेल्फेयर काउंसिल, मध्यप्रदेश का अध्यक्ष बना दिया। कर्मठ श्री मोहन लहरी ने स्वयं घूम-घूम कर सिवनी, छिन्दवाड़ा जैसी जगहों में अनेक आँगनबाड़ियाँ खोली हैं।

श्री लहरी नें दो किताबें भी लिखी थी–'नेताजी स्पीक्स' जिसका ट्रांस्लेशन हुआ है, बांगला में 'आमी सुभाष बोलछी' और हिन्दी में भी किसी जमाने में ये किताब आई थी, दूसरी किताब थी 'टोकियो टू इम्फाल' जो उन्होंने बर्मा में लिखी थी, जिसे रंगून में बर्मा पब्लिशर्स ने प्रकाशित किया था। ये दोनों ही किताबें अब उपलब्ध नहीं हैं। आत्मा से पत्रकार श्री मोहन लहरी क्रोनिकल से भी कुछ समय तक जुडे थे। बाद में भोपाल में रह कर वे स्वतंत्र पत्रकारिता करने लगे। उसी दौरान बस्तर रियासत के अंतिम महाराजा तथा तब विधायक रहे प्रवीर चन्द्र भंजदेव ने श्री लहरी का कोई आलेख पढ़ कर उनसे संपर्क किया तथा फिर उन्हें अपने साथ बस्तर ले आये। श्री लहरी लगभग साढ़े छः साल तक प्रवीर चन्द्र भंजदेव के सलाहकार भी रहे तथा तत्कालीन बस्तर की ज्वलंत राजनीति में अपनी प्रखर सोच का योगदान देते रहे। प्रवीर से किसी अनबन के कारण स्वाभिमानी श्री लहरी कांकेर आ गये और वहीं अपनी सारी उम्र गुजारी।

देशबंधु चितरंजन दास के साथ

चितरंजन दास बंगाल में स्वराज दल का गठन कर कांग्रेस द्वारा चलाये गए असहयोग आन्दोलन का काम संभाल रहे थे। अंग्रेजों का विरोध करने के लिए उन्होंने चुनाव लड़ा तथा अपने कार्यों व लोकप्रियता के बल पर महापालिका का चुनाव जीत कर कोलकाता के महापौर बने। सुभाष की कार्यकुशलता से प्रभावित हो उन्होंने उनको महापालिका का कार्यकारी अधिकारी बनाया। इस कार्य को सुभाष ने परिश्रम व दक्षता से संभाला। उन्होंने सभी मार्गों व प्रमुख स्थानों के नाम भारतीय महापुरुषों या विभूतियों के नाम पर निर्धारित किये तथा स्वतंत्रता संग्राम के बलिदानियों को रोजगार प्रदान कराया। सुभाष की लोकप्रियता इतनी चरम पर पहुँची कि उनको कांग्रेस के गुवाहाटी अधिवेशन में अध्यक्ष चुना गया, जबकि उनके विरोध में गाँधीजी के प्रिय पट्टाभि सीता रमैय्या प्रत्याशी थे। वरिष्ठ

कांग्रेसियों से मतभेद के कारण सुभाष दुखी थे क्योंकि अंग्रेजों की धोखाधड़ी पर विश्वास न कर वो पूर्ण स्वतंत्रता की मांग कर रहे थे। सुभाष ने इस पद से त्यागपत्र दे दिया।

सुभाष के सत्ता विरोधी कार्यों से त्रस्त ब्रिटिश सरकार ने उनको बंदी बनाकर सर्वप्रथम 1921 में जेल में डाल दिया। फिर बाद में अस्वस्थ होने के कारण उनको छोड़ दिया गया। इसके बाद एक क्रांतिकारी साथी गोपीनाथ को फांसी की सजा मिलने से दुखी सुभाष फूट-फूट कर रोये स्वयं उनका अंतिम संस्कार किया अंग्रेजों को उनसे अपने लिए खतरा बढ़ता दिख रहा था अतः उन्होंने उनको बंदी बनाकर मांडले कारावास में डाल दिया।

5 नवम्बर, 1925 को अपने राजनीतिक गुरु देशबंधु चितरंजन दास का शरीरांत उनके लिए बज्रपात के समान था। सुभाष रोगों के चपेट में आ गए, उनका स्वास्थ्य गिर रहा था पर अंग्रेज घबराते थे उनको छोड़ने में परन्तु उनके स्वास्थ्य की गम्भीर अवस्था को देखते हुए अंग्रेजों को उन्हें मुक्त करना पड़ा। कुछ समय बाद पुनः बंदी बनाये गए सुभाष को कोलकाता का मेयर बनने पर रिहा करना पड़ा। 1932 में अल्मोड़ा जेल भेजा गया सुभाष को, स्वास्थ्य की समस्या को देखते हुए पुनः जेल से बाहर आये। इसके पश्चात सुभाष 1933-36 तक यूरोप रहे जहाँ स्वास्थ्य की देखरेख के साथ वो अंग्रेजों को भारत से बहिष्कृत करने के जुनून में अंग्रेजों के कट्टर शत्रु शक्तिशाली मुसोलिनी से मिले।

भारत में रहते हुए यद्यपि गाँधीजी द्वारा चलाये गए विभिन्न आंदोलनों साईमन कमीशन का विरोध, सविनय अवज्ञा आन्दोलन में उनकी सक्रिय भागीदारी थी, परन्तु गाँधीजी की कार्यप्रणाली उनको संतुष्ट नहीं कर पा रही थी। उनके हृदय में अंग्रेजों को अविलम्ब देश से बाहर करने की ज्वाला धधक रही थी और उसके लिए कुछ भी करने को कृतसंकल्प थे। विविध पदों पर रहते हुए सुभाष श्रमिकों, युवाओं तथा अन्य सभी वर्गों को संगठित करने के लिए प्रयत्नशील बने रहे।

विदेश से लौटने के बाद गाँधीजी व सुभाष के मतभेद बढ़ते ही रहे। गाँधी जी द्वारा समर्थन न मिलने के बाद भी सुभाष पुनः भारी बहुमत से चुनाव जीते गाँधीजी से उनका विरोध भगत सिंह आदि वीरों को फांसी से बचाने को लेकर भी था, बापू सुभाष की जीत को सह नहीं पाए और उन्होंने सुभाष की जीत को अपनी प्रतिष्ठा का प्रश्न बना लिया और यह सिद्ध हुआ कि व्यक्तिगत हित, पूर्वाग्रह, प्रतिष्ठा तथा निजी हठ किस सीमा तक जा सकते हैं। गाँधीजी के अनुयायी सुभाष का सहयोग नहीं कर रहे थे, दुखी सुभाष को फिर पदत्याग करना पड़ा।

अब उनके लिए कांग्रेस में रहना संभव नहीं था अतः उन्होंने फारवर्ड ब्लॉक की स्थापना की तथा गाँधी जी ने उनको कांग्रेस से निकाल दिया। सुभाष के संगठन ने जी-जान से प्रयत्नशील रहकर अपने अभियान को आगे बढ़ाया ब्रिटिश सरकार की आँखों की किरकिरी बने सुभाष पुनः जेल भेज दिए गए, परन्तु उनका खराब स्वास्थ्य और उनकी लोकप्रियता के भय से उनको मुक्त करना अंग्रेजों की विवशता थी। उनको घर में नजरबन्द कर अंग्रेज राहत की श्वास नहीं ले पाए तथा सुभाष छद्मवेश में अपने साथियों के सहयोग से भारत से बाहर निकल गए तथा अफगानिस्तान होते हुए जर्मनी पहुंचे। ! "ENEMY OF ENEMY IS YOUR FRIEND" के कूटनीतिक सिद्धांत को मानते हुए ही उन्होंने ये कदम उठाया। यद्यपि हिटलर की भारत में विशेष रुचि न होने के कारण वहां कोई विशेष सहयोग नहीं मिला। इसके पश्चात सुभाष जर्मन पनडुब्बी में अपने प्राणों को जोखिम में डाल कर अपने साथी के साथ पूर्वी एशिया के लिए निकले तथा 90 दिवस तक अपने प्राणों को अपनी हथेली पर लिए प्राणघातक समुन्द्र में आगे बढ़ते रहे। वे एशिया पहुँच गये। परन्तु इससे पहले जर्मनी में भी अपने अभियान को आगे बढ़ाते हुए उन्होंने जनवरी, 1942 से रेडियो बर्लिन के माध्यम से उन्होंने नियमित रूप से आह्वान किया भारतीयों का तथा सम्पूर्ण विश्व का अंग्रेजों को भारत से बाहर भगाने का। जिसने भारतीयों में नव उत्साह, नव स्फूर्ती का संचार हुआ। सुभाष जर्मनी से सिंगापुर आये और रास बिहारी बोस से पूर्वी एशिया में भारतीय स्वाधीनता संग्राम की बागडोर संभाली और भारतीय स्वाधीनता संग्राम के महत्वपूर्ण स्वर्णिम अध्याय को लिखते हुए "आजाद हिंद फौज" का गठन किया 7000 सैनिकों के साथ। इसके बाद ही उनको 'नेता जी' का नाम मिला। उन्होंने "तुम मुझे खून दो मैं तुम्हें आजादी दूंगा" का नारा दिया और साथ ही "दिल्ली चलो" का जोशीला उद्घोष किया। आजाद हिंद फौज ने जापानी सेना की सहायता से अंडमान निकोबार पहुँच कर देश को अंग्रेजी दासता से मुक्त कराने का प्रथम चरण पूरा किया और इन द्वीपों को "शहीद" तथा "स्वराज" नाम प्रदान किये। सुभाष ने कोहिमा और इम्फाल को आजाद कराने के प्रयास में सफल न होने पर भी हार नहीं मानी तथा आजाद हिंद फौज की महिला टुकड़ी "झांसी की रानी" रेजिमेंट के साथ आगे बढ़ते रहे। आजाद हिंद फौज का कार्यालय रंगून स्थानांतरित किया गया। उनके अनुयायी दिन-प्रतिदिन बढ़ते ही जा रहे थे। नेताजी ने सिंगापुर में स्वाधीन भारत की अंतरिम सरकार का गठन किया और उसको नौ देशों ने मान्यता प्रदान की। जापान की सेना का भरपूर सहयोग उनको मिल ही

रहा था, परन्तु वह चाहते थे अधिकाधिक भारतीयों की भागीदारी इसमें हो। धुरी राष्ट्रों की हार के कारण नेताजी को अपने सपने बिखरते हुए महसूस हुए और उन्होंने रूस की ओर अपनी गति बढ़ायी।

नेताजी मंचूरिया जाते समय लापता हो गए और शेष सब रहस्य बन गया और अनंत में नेताजी सुभाष चन्द्र बोस खो गए। आज तक यह रहस्य रहस्य ही है। अंततः वो हमारे मध्य सशरीर नहीं रहे। परन्तु लाख बाधाएं सामने आने पर भी उन्होंने हार नहीं मानी और वो चलते ही रहे चलते ही रहे।

चितरंजन दास से पहली भेंट

चितरंजन दास के घर पहुंचने पर सुभाष को पता चला कि वे कहीं गए हुए हैं। उन्होंने उनकी पत्नी को अपना परिचय दिया। उसके बाद उनकी पत्नी ने सुभाष का स्वागत किया। उन्होंने उनके त्याग की खूब प्रशंसा की। वे जब विदेश में थे, तब उन्होंने कई बार चितरंजन दास को पत्र लिखा था। उन पत्रों में वे देश में उठ रही तरह-तरह की समस्याओं का जिक्र करते थे। चितरंजन दास उनके पत्रों को पढ़ कर बड़े प्रभावित हुए थे। वे समय समय पर उनका मार्गदर्शन भी करते रहते थे। उन्होंने अपने मन में यह निश्चय किया था कि सुभाष एक दिन जरूर देश के भावी नेता के रूप में लोप्रिय होंगे। चितरंजन दास जी उन्हें बहुत प्यार करते थे। उनके विश्वास को देखकर सुभाष उनके प्रति अपार श्रद्धा रखते थे। कुछ देर में चितरंजन दास ने अपने घर में प्रवेश किया। उनको देखकर सुभाष ने भावुक होकर अपनी बांहें फैला दीं, फिर दोनों गले मिले। सुभाष ने अपनी आपबीती उन्हें सुनाई। उन्होंने गाँधी जी से हुई बातचीत का ब्योरा भी नेता जी को दिया।

"गाँधी जी का कथन सही है।" नेता जी ने सुभाष से कहा–"गाँधी जी देश में राष्ट्रीय एकता को स्थापित करना चाहते हैं। अहिंसा उनका प्रमुख सिद्धांत है। इस सिद्धांत से देश को कितनी मजबूती मिलेगी, यह वक्त बताएगा। उनकी एक विशेषता यह रही है कि उन्होंने जब-जब किसी आंदोलन का श्रीगणेश किया है, तब-तब देश की जनता ने उनका भरपूर साथ दिया है। उनके सभी आंदोलन सत्य और अहिंसा पर आधारित रहे हैं। यह बात सच है कि देश की जनता के दिलों में आजादी का तूफान उठ रहा है, मगर उनकी बातें अहिंसक ढंग से पूरी तरह स्पष्ट नहीं हो पा रही हैं और अंग्रेज अपनी दमनकारी नीति को प्रतिदिन बढ़ाते जा रहे हैं। इसका प्रमुख कारण यह है कि हम भारतीय मूर्खता से भरे हैं। हमें लड़ाई लड़ने का तरीका नहीं मालूम।"

उनकी टिप्पणी सुनकर सुभाष थोड़े सन्तुष्ट दिखाई पड़े। उनका मानना था–'हम भारतीय किसी से कम नहीं हैं। यदि हम अपनी जिद पर अड़ जाएं तो हवा का रुख भी मोड़ सकते हैं। हम अपने देश की आन-बान-शान के लिए अपनी कुर्बानी दे सकते हैं तो हम सख्ती से अंग्रेजों को अपने पैरों तले रौंद भी सकते हैं। अब वह समय आ गया है। हम हिंसक रुख अपनाने के लिए पूरी तरह से तैयार हैं।'

सुभाष सोचते हुए चितरंजन दास से बोले–"हमारे देश की जनता गाँधी जी पर भरोसा रखती है। वे हम सबके नेता हैं। मैं उन्हें अपना आदरणीय मानता हूं। हम किसी कीमत पर अपनी एकता को मिटाना नहीं चाहते। भले ही हम अभी एकजुट नहीं हैं, लेकिन भविष्य में हमें एकजुट होकर ब्रिटिश सरकार के हौसले को पस्त करना है। हम लोगों में नेतृत्व को लेकर मतभेद पैदा हुआ है, लेकिन यह मतभेद जल्द ही समाप्त हो जाएगा।"

सुभाष की बातों पर चितरंजन दास ने बड़ी गहराई से विचार किया। उन्होंने 24 वर्ष की उम्र में इतनी समझदारी की बात करके अपने देशप्रेम को उजागर किया था। चितरंजन दास ने उनके नेक विचारों की सराहना की। साथ ही उन्होंने सुभाष के साथ काम करने का भी निश्चय किया। उनका साथ पाकर सुभाष को यह लगा कि उन्हें पथ और पथ-प्रदर्शक दोनों मिल गए हैं।

सुभाष ने चितरंजन दास को अपना राजनीतिक गुरु मान लिया। वे उनके साथ समर्पित भाव से काम कर रहे थे। उनकी शैक्षिक योग्यता देखकर चितरंजन दास ने उन्हें नेशनल कॉलेज का प्रधानाचार्य बना दिया। प्रधानाचार्य बनने के बाद सुभाष ने नौजवानों को लेकर एक संस्था का गठन किया, जिसका नाम राष्ट्रीय स्वयं सेवक दल था। वे उस दल के कप्तान थे। बाद में उन्होंने बंगाल की एक मशहूर पत्रिका 'बंगलार कथा' के संपादन का कार्य भी संभाला। उसके बाद वे बंगाल कांग्रेस कमेटी के सदस्य भी बने।

सुभाष अपने दल के प्रचार-प्रसार का कार्य बखूबी निभा रहे थे। उन्होंने उपने भवानीपुर स्थित मकान को राष्ट्रीय आंदोलन की गतिविधियों का केन्द्र बना दिया था। 17 नवम्बर, सन् 1921 को 'प्रिंस ऑफ वेल्स' का भारत आगमन हुआ। समस्त भारत में उनके आगमन का विरोध होने लगा। कलकत्ता में उनका विरोध करने का पूरा दायित्व सुभाष को सौंपा गया था। कलकत्ता की समस्त जनता का वे नेतृत्व कर रहे थे। वहां की हड़ताल इतनी सफल रही कि सभी अंग्रेज अधिकारी दुम दबाकर भाग गए। भारत में कलकत्ता बन्द का असर

सबसे सफल माना गया। कांग्रेस की बंगाल प्रदेश कमेटी ने एक बन्द कमरे में सभा का आयोजन किया। कमेटी असहयोग आंदोलन को नए सिरे से चलाना चाहती थी। अतः उसने चितरंजन दास को बंगाल का डिक्टेटर नियुक्त कर दिया। उन्हें अपना उत्तराधिकारी चुनने का अधिकार भी दिया गया था। उन्होंने सुभाष को अपना उत्तराधिकारी चुनकर आंदोलन को चलाने का पूरा दायित्व उनके कंधों पर डाल दिया। राष्ट्रव्यापी असहयोग आंदोलन के चलते सरकार की बुनियाद हिल गई। ब्रिटिश सरकार भारत में अपनी पकड़ मजबूत बनाए रखना चाहती थी। इस वहज से उसने अपने दमनचक्र को बड़े पैमाने पर आरम्भ कर दिया। सुभाष ने अपने प्रचार-प्रसार से देश की जनता को कांग्रेस से जोड़ दिया था। उन्हें बहुत कम समय में मिली इस सफलता पर कलकत्ता से प्रकाशित अखबार स्टेट्समैन ने कुछ इस तरह के भाव व्यक्त किए–

'अंग्रेजी सरकार ने एक समझदार अधिकारी को गंवा दिया है और कांग्रेस ने सुभाष के रूप में एक योग्य व्यक्ति की तलाश की है जो देश की दशा को सुधार सकता है।'

ब्रिटिश सरकार क्रांतिकरियों की गिरफ्तारी के लिए अपना अभियान तेजी से चला रही थी। 10 दिसंबर, सन् 1921 को सुभाष और चितरंजन दास दोनों कलकत्ता में गिरफ्तार कर लिए गए। उनकी गिरफ्तारी को देखकर कांग्रेस के लगभग 25000 कार्यकर्ताओं ने अपनी गिरफ्तारी दी।

छः माह की सजा के बाद सरकार ने सुभाष और चितरंजन दास को जेल से रिहा कर दिया। अंग्रेजी हुकूमत असहयोग आंदोलन की सफलता को देखकर बौखला उठी। अतः उसने कांग्रेस के सामने समझौते का प्रस्ताव रखा। उसने अपने प्रस्ताव में यह शर्त रखी कि यदि कांग्रेस कलकत्ता में प्रिंस ऑफ वेल्स के आगमन का बहिष्कार वापस ले ले, तो उसके सभी राजनीतिक कार्यकर्ताओं को जेल से रिहा कर दिया जाएगा और कांग्रेस के साथ गोलमेज कांफ्रेंस में सुधारों पर चर्चा की जाएगी। सरकार की इस शर्त को चितरंजन दास, पंडित मदनमोहन मालवीय, मौलाना अबुल कलाम आजाद जैसे कांग्रेसी नेता मान गए, किन्तु सुभाष चन्द्र बोस ने अंग्रजी सरकार के इस प्रस्ताव का कड़ा विरोध किया। लेकिन उस प्रस्ताव का कोई परिणाम नहीं निकला। सरकार ने कार्यकर्ताओं को रिहा करना चाहा, परन्तु वे जेल से बाहर आने को तैयार नहीं हुए। उनके अलावा कांग्रेस के कुछ और कार्यकर्ता भी अपनी गिरफ्तारी देने को

तैयार हो गए। बाद में उनकी संख्या इतनी बढ़ गई कि सरकार उन्हें गिरफ्तार करते-करते परेशान हो गई। उस समय गाँधी जी के अलावा सभी कांग्रेसी नेता जेलों में बन्द कर दिए गए थे। आंदोलन दिन-प्रतिदिन सफलता की ओर अग्रसर हो रहा था। कांग्रेस, सरकार को यह अल्टीमेटम दे चुकी थी कि एक सप्ताह के भीतर सभी कार्यकर्ताओं को रिहा कर दिया जाए। उसी दौरान गोरखपुर के चौरा चौरी पुलिस स्टेशन पर हुई हिंसक घटना ने गाँधी जी को असहयोग आंदोलन स्थगित करने पर मजबूर कर दिया। 13 अप्रैल, सन् 1922 को उन्हें गिरफ्तार कर लिया गया और उन्हें छः साल की सजा भी हुई।

आंदोलन को स्थगित कर देना गाँधी जी का एक बचकाना कदम था। इससे कांग्रेस में फूट पड़ गई। भारत मां की आजादी में असीम कष्ट झेलने वाले देशप्रेमी कराह उठे। उन्होंने गाँधी जी की आलोचना की। देखते ही देखते समस्त भारतवर्ष में निराशा की लहर दौड़ गई। सुभाष समझ नहीं पाए कि गाँधी जी ने अपने जीवन के अनुभवों और राजनीतिक ऊंचाइयों को आंदोलन बन्द करके क्यों दबा दिया? इससे देश की जनता को नैतिक पराजय का एहसास हुआ था। सरकार ने अपने प्रमाण के मुताबिक यह बात स्पष्ट की कि आंदोलनकारी कानून को अपने हाथ में ले चुके थे। जब उन्हें अपनी गलती का एहसास हुआ, तब उन्होंने अपने आंदोलन को स्थगित कर दिया। कांग्रेस के युवा नेता जवाहर लाल नेहरू ने सीधा आरोप लगाया कि गाँधी जी ने देश की नैतिकता के साथ खिलवाड़ किया है। जबकि गाँधी जी का कहना था–'मैं जो भी निर्णय करता हूं उसमें मेरी आत्मा की आवाज गूंजती है।' सुभाष ने उनकी इस आवाज पर और अहिंसा की जिद पर कठोर टिप्पणी की। उन्होंने कहा कि आंदोलन को बन्द कर देना एक प्रकार की राष्ट्रीय दुर्घटना है। विधानमंडल ने बहिष्कार की जो योजना बनाई, वह पूरी तरह से असफल रही थी। क्योंकि कुछ विधानमंडल के अंग्रेजी चमचों ने बहिष्कार का साथ नहीं दिया था। सुभाष ने उन भारतीय लोंगों को देश विरोधी बताया, जो बहिष्कार से अलग थे। उन्होंने यह भी कहा कि ऐसे लोग देश की आजादी में बहुत बड़ी बाधा बन सकते हैं। अतः उन्होंने एक ऐसी रणनीति बनाई, जिसके तहत, कांग्रेस के अधिक से अधिक कार्यकर्ता जिला बोर्ड और नगर पालिका की सीटों पर अपना कब्जा जमा सकें। इसलिए कांग्रेस के अधिकांश सदस्य रचनात्मक कार्यों में जुट गए।

कई सप्ताह की बातचीत के बाद कांग्रेस में दो गुटों का उदय हुआ। पहला गुट परिवर्तन समर्थक था तथा दूसरा गुट परिवर्तन विरोधी। सुभाष ने देश की अंदरूनी ताकत को बढ़ाने का फैसला किया। वे देश के जवानों को आजादी के

प्रति प्रेरित करना चाहते थे। उन्होंने एक सभा में नौजवानों को संबोधित करते हुए कहा–"आज देश की स्थिति यह है कि हमारे देश की जनता गहरी नींद में सो रही है। अब सबको नींद से जगाने का समय आ गया है। हमें उन्हें नींद से जगाना है, ताकि वे हमारे साथ देश की सेवा में लग सकें। आम जनता में आज जो निष्क्रियता दिखाई पड़ रही है, उसे हम नौजवानों को अपनी ताकत से सक्रियता में बदल देना है। इससे हमारी आजादी की राह आसान हो जाएगी।"

बंगाल की जनता पर बाढ़ का भयानक संकट आ पड़ा था। सुभाष ने सभी नौजवानों को लेकर राहत कार्य तेज कर दिया। उन्होंने अपने कठिन प्रयासों से अधिकांश लोगों को बाढ़ की चपेट से बचा लिया। उनके कार्यों को देखकर बंगाल का गवर्नर सुभाष की भूरि-भूरि प्रशंसा करने लगा। गवर्नर ने उनकी नेतृत्व शक्ति का लोहा मान लिया।

कांग्रेस कमेटी के सदस्यों ने सर्वसम्मति से चितरंजन दास को अपना अध्यक्ष चुन लिया। चितरंजन दास कांग्रेस की नीतियों में परिवर्तन लाना चाहते थे। इसलिए उन्होंने पार्टी के सामने एक प्रस्ताव रखा। लेकिन उने प्रस्ताव का विरोध करने वाले सदस्यों की संख्या अधिक थी। अतः उनका प्रस्ताव पारित न हो सका। इस असफलता को देखकर चितरंजन का दिल कांग्रेस के प्रति पूरी तरह से टूट गया और उन्होंने अध्यक्ष पद से इस्तीफा दे दिया।

चितरंजन दास के समर्थकों ने उनसे अनुरोध किया कि वे नई पार्टी का गठन करें। समर्थकों के अनुरोध पर उन्होंने पंडित मोतीलाल नेहरू से विचार-विमर्श किया। उसके बाद उन्होंने 'स्वराज पार्टी' की घोषणा कर दी। 1 जनवरी, सन् 1923 को इस पार्टी की स्थापना हुई। चितरंजन दास पार्टी के अध्यक्ष बने। पंडित मोतीलाल नेहरू को जनरल सेक्रेटरी बनाया गया, जबकि सुभाष चन्द्र बोस ने स्वेच्छा से संगठन के प्रचार-प्रसार की जिम्मेदारी संभाली।

विधानमंडल का चुनाव हुआ। चुनाव में स्वराज पार्टी भारी बहुमत से विजयी हुई। उस पार्टी के खिलाफ कांगेस ने अपना कोई प्रत्याशी खड़ा नहीं किया था। गाँधी जी ने उस चुनाव का बहिष्कार किया था। इससे कांग्रेस पार्टी को एक नई चुनौती मिली। उसके तत्कालीन अध्यक्ष मौलाना अबुल कलाम आजाद ने दिल्ली में एक सभा का आयोजन किया। उन्होंने सभा में यह ऐलान किया कि आने वाले विधान मंडल के चुनावों में जो कांग्रेसी भाग लेना चाहें, ले सकते हैं। यह बात 1 सितम्बर, सन् 1923 की है। उसी दौरान कलकत्ता में नगर निगम का चुनाव हुआ। इस चुनाव में अधिकतम सीटों पर स्वराज पार्टी के उम्मीदवारों ने कब्जा कर लिया। सुभाष अपने क्षेत्र से निर्विरोध चुने गए थे। नगर निगम का महापौर चितरंजन दास को नियुक्त किया गया था। उपमहापौर, सुहरावर्दी थे और मुख्य कार्यकारी अधिकारी सुभाष चन्द्र बोस। दास को उनकी क्षमता पर पूरा भरोसा था। वे उन्हें 'ए यंग ओल्ड मैन' कहकर बुलाते थे। कलकत्ता में स्वराज पार्टी का रुतबा होने से वहां अंग्रेजी प्रशासन लगभग समाप्त हो गया था।

सुभाष ने नगर की सफाई व्यवस्था में लाजवाब सुधार किया। नगर की जनता पर वे पूरी तरह से छा गए थे। कुछ दिन बाद उन्होंने एक वालंटियर दल का गठन किया। इस दल के लोग खादी के कपड़ों को बेचते थे और लोगों में सरकार विरोधी भावनाएं भरते थे। उनके इस कार्य का लोगों पर गहरा असर पड़ा। लोग खुलकर सभाओं में एकत्र होने लगे। उनके हृदय में अंग्रेजों के प्रति नफरत की आग दहकने लगी। उन्होंने खादी के कपड़े पहनना आरम्भ कर दिया। कुल

मिलाकर देश में स्वाधीनता के अनुकूल वातावरण पैदा हो चुका था। जनता में आए अचानक बदलाव को देखकर ब्रिटिश सरकार की मुश्किलें बढ़ने लगीं। उसने बंगाल के क्रांतिकारियों से परेशान होकर उनके दल पर प्रतिबंध लगा दिया।

प्रतिबंध के लगते ही सुभाष के दिल में देश-प्रेम अंगड़ाइयां लेने लगा। उन्होंने निश्चय किया कि सरकार के हर आदेश का विरोध किया जाएगा। वे पांच-पांच लोगों की टोलियां बनाकर अपने साथियों को विरोधी अभियान में भेजते रहे। उनके साथी गांव-गांव जाते और सरकार विरोधी नारे लगाते–

विदेशी वस्तुओं को ठुकराओ।

स्वदेशी वस्तुओं को अपनाओ।

खादी पहनो और पहनाओ।

चितरंजन दास ने सुभाष को बहुत समझाया कि वे इस अभियान को बन्द करें, लेकिन वे माने नहीं। उनकी जिद को देखकर दास भी उनके अभियान में शामिल हो गए। दास बड़ी जल्दी ही जनता में लोकप्रिय हो गए। देश की जनता उनके इशारे पर अंग्रेजी हुकूमत से लोहा लेने को तैयार हो गई। उसी समय एक घटना घटी। बंगाल के क्रांतिकारी गोपीनाथ साहा ने 'डे' नामक अंग्रेज को गोली मार दी। उसने 'डे' को गलती से अपना निशाना बनाया था। वह पुलिस कमिश्नर चार्ल्स की हत्या करना चाहता था। लेकिन उसके बदले 'डे' की हत्या हो गई। चार्ल्स के अत्याचारों से भारतीय जनता दुखी हो गई थी। वह बड़ी क्रूरता से जनता पर अपना कहर ढा रहा था।

अंग्रेजी सरकार ने गोपीनाथ को 'डे' की हत्या के जुर्म में फांसी की सजा सुनाई। जनता ने उसे बचाने का यथासंभव प्रयास किया। लेकिन सरकार ने बेरहमी से उसे फांसी के फन्दे पर लटका दिया।

गोपीनाथ ने अपनी फांसी से पहले कहा था–'मेरे शरीर से निकले हुए खून का हर कतरा देश की जनता के दिलों में आजादी का बीज बोएगा और आने वाले दिनों में हमारी भारत मां गुलामी की बेड़ियों से मुक्त हो जाएगी।

गोपीनाथ की वे बातें समाचार पत्रों के द्वारा समस्त भारतवासियों तक पहुंची। उसकी बातों से देश की समस्त जनता में अंग्रजों के प्रति नफरत का जहर घुल गया। सुभाष, गोपीनाथ की निर्भीकता पर सोच-विचार करते रहे। उसने देश के स्वाभिमान की खातिर जिस तरह से अपने प्राणों की आहुति दी, उसकी अमिट छाप सुभाष पर पड़ चुकी थी। उन्होंने कांग्रेस पार्टी की एक सभा में गोपीनाथ के बलिदान की सराहना की और ब्रिटिश सरकार की निन्दा करने का एक प्रस्ताव पारित किया।

ब्रिटिश सरकार अचानक सक्रिय हो गई। उसने आरोप लगाया कि बंगाल में जो क्रांतिकारी आतंकवाद हो रहा है, उसके पीछे सुभाष चन्द्र बोस का हाथ है। इस आरोप के चलते सरकार ने 25 अक्टूबर, सन् 1924 को सुभाष के हाथों में हथकड़ी लगा दी। साथ ही अनेक 'वालंटियरों' और कांग्रेसी कार्यकर्ताओं को भी गिरफ्तार किया गया। सुभाष की गिरफ्तारी पर चितरंजन दास बेकाबू हो गए। उन्होंने घूम-घूम कर कई जगहों पर सरकार विरोधी भाषण दिए। उन्होंने कड़े शब्दों में सरकारी दमनकारी नीति की आलोचना की। उनके भाषणों को सुनकर जनता का खून खौलने लगा। जनता ने सरकार विरोधी नारे लगाए। कलकत्ता की समस्त जनता ने मिलकर एक जुलूस निकाला। जुलूस के लोग 'सुभाष चन्द्र बोस को रिहा करो' का नारा लगाने लगे। लेकिन सरकार चुपचाप जनता की तीखी प्रतिक्रिया को झेलती रही। वह इस बात का सबूत एकत्र करना चाहती थी, जिससे सुभाष को यह साबित किया जा सके कि वे आतंकवादियों के उकसाते हैं और वे क्रांतिकारी गतिविधियों से जुड़े भी हैं।

जनता के आक्रोश को देखकर सरकार ने सुभाष के प्रति नरम रुख अपनाया। सुभाष उस समय अजीपुर जेल में थे। उन्हें नगर निगम का काम करने की छूट मिल गई थी। एक दिन उनका सेक्रेटरी उनसे मिलने जेल में आया। वहां तैनात सिपाही ने सेक्रेटरी को सुभाष से नहीं मिलने दिया। इस बात पर सुभाष ने सिपाही को डांट दिया। सिपाही अपने अधिकारी के पास उनकी शिकायत करने गया। उसका नतीजा यह निकला कि सुभाष को अलीपुर से बहरामपुर जेल में स्थानान्तरित कर दिया गया।

25 जनवरी, सन् 1925 की बात है। अंग्रेजी सरकार ने सुभाष को बर्मा की मांडले जेल में भेज दिया। इस जेल में भारत के बड़े-बड़े नेता सजा काट चुके थे। मांडले जेल लकड़ी से बने चिड़ियाघर की तरह था। उस जेल की दशा का वर्णन सुभाष के शब्दों में इस प्रकार है–

'मांडले जेल की इमारत चिड़ियाघर जैसी थी और वहां बन्द कैदी रात के समय जानवरों जैसे लगते थे।' वहां जितने भी भारतीय कैदी थे, सभी अंग्रेज अधिकारियों के लिए जिज्ञासा का विषय बने हुए थे। बड़े-बड़े मंत्री और जज उन कैदियों को देखने आते थे। एक बार इंग्लैंड जेल का कमिश्नर मांडले यहां आया। उसने सुभाष से मुलाकात करने के बाद कहा कि यहां जितने भी कैदी बंद हैं, उनमें सबसे अधिक खतरनाक यही है।

उस जेल में क्रांतिकारियों के अलावा कुछ अपराधी भी बन्द थे। सुभाष ने उन अपराधियों का मनोवैज्ञानिक अध्ययन किया। उन्हें वहां बर्मा के राजनीतिक कैदी

और पादरी भी मिले। उन्होंने सुभाष को बताया कि बर्मा के लोग अंग्रेजों के विरोधी हैं। लेकिन सुभाष को जो महत्वपूर्ण जानकारी प्राप्त हुई, वह यह थी कि बर्मा और भारत की संस्कृति में कोई अंतर नहीं था।

16 जून, सन् 1925 को देशबन्धु चितरंजन दास फिरंगियों का विरोध करते-करते मृत्यु को प्राप्त हो गए। उनकी मृत्यु की सूचना पाते ही सुभाष चीख पड़े। वे अपने साथी के लिए फूट-फूटकर रो रहे थे, किंतु उनका साथी उन्हें अब मिलने वाला नहीं था। क्योंकि वह इस मायारूपी दुनिया को हमेशा के लिए छोड़ चुका था।

अगले वर्ष बंगाल में विधानमंडल का चुनाव हुआ। सुभाष ने जेल में रहकर चुलाव लड़ा। उन्हें कलकत्ता निर्वाचन क्षेत्र से भारी मतों से विजय प्राप्त हुई। उन्हें वोट देने वाले मतदाता इस आस में थे कि सुभाष को भारी मतों से विजय मिलने पर सरकार उन्हें जेल से रिहा कर देगी। लेकिन उनकी यह सोच पूरी नहीं हुई। सरकार सुभाष को रिहा करने के लिए अभी तैयार नहीं थी। जब सर्दी का मौसम आया तब सुभाष को बुखार हो गया। उन्हें बीमारी की हालत में रंगून के एक अस्पताल में दिखाया गया। डॉक्टरों ने उनकी शारीरिक जांच करने के बाद सरकार से अनुरोध किया कि सुभाष को जेल से हटाने के बाद ही उनका इलाज संभव हो सकता है। मगर सरकार ने डॉक्टरों के अनुरोध को ठुकरा दिया। उसके बाद सुभाष की जेल के सुपरिंटेंडेंट से झड़प हो गई। इस वजह से जेल से निकलकर इलाज करवाना उनके लिए और असंभव हो गया। लेकिन सुभाष सौभाग्यशाली थे। उसी दौरान मांडले जेल के सुपरिंटेंडेंट का तबादला हो गया। उसके बदले वहां नया सुपरिंटेंडेंट आ गया। उसकी सिफारिश पर सरकार ने सुभाष को मांडले से अल्मोड़ा जेल भेजने का फैसला किया। रंगून से सुभाष को जहाज के द्वारा कलकत्ता भेजा गया। लेकिन जहाज को कलकत्ता से पहले उतार लिया गया। वहां उनके शरीर का बकायदा चेकअप हुआ। फिर चेकअप की रिपोर्ट को दार्जिलिंग के गवर्नर के पास भेजा गया। गवर्नर ने रिपोर्ट को देखते ही उनकी रिहाई का आदेश जारी कर दिया, जबकि सरकार ने सुभाष को भारत बाहर भेजने का प्रयास किया। लेकिन गवर्नर ने अपनी मानवता का परिचय देते हुए सुभाष को रिहा करवा दिया और सरकार अपने इरादे में नाकामयाब रही।

16 मई, सन् 1927 की बात है। सुभाष बिना किसी अभियोग के दो साल छः महीने सजा काटकर बाहर आए। उस समय देश की हालत बद से बदतर होती

जा रही थी। स्वराज पार्टी की पहले जैसी छवि अब नहीं रह गई थी। देश में हिन्दू-मुस्लिम दंगे जोर पकड़ते जा रहे थे। गाँधी जी जेल की सजा काटकर हरिजनों के उद्धार में जुट गए थे। पूंजीवाद को साम्राज्यवाद की तरह खतरनाक माना जा रहा था। देश में जितने भी परिवर्तनवादी नेता थे, सभी समाजवाद की ओर आकर्षित हो गए। ऐसे लोगों से सरकार विशेष रूप से चिढ़ गई थी। अतः उसने कई समाजवादी नेताओं को गिरफ्तार कर लिया और उन पर मुकदमा चलाया।

उसी समय सुभाष कलकत्ता पहुंचे। बंगाल की जनता उन्हें देखकर खुशी से झूम उठी। नौजवानों का जोश परवान चढ़ने लगा। कांग्रेस कमेटी के सदस्यों में एक नई शक्ति का संचार हुआ। सदस्यों ने सुभाष को अपनी कमेटी का अध्यक्ष चुन लिया। लेकिन उन्हें पार्टी के मतभेद का सामना करना पड़ा। उस समय उत्तर भारत के क्रांतिकारी अंग्रेजों को देश छोड़ने की चेतावनी दे चुके थे। उन्हें अपनी जान से अधिक भारत मां की आजादी प्यारी थी। इसलिए वे अपने सिर पर कफन बांधकर रणभूमि में आ चुके थे। उन क्रांतिकारियों ने सन् 1924 में 'हिन्दुस्तान रिपब्लिकन एसोसिएशन' का गठन किया और देश के नौजवानों को चुन-चुनकर अपने दल में भर्ती करने लगे। उन्होंने 9 अगस्त, सन् 1925 को काकोरी खजाना लूटकर सरकार के खोखले प्रशासन की धज्जियां उड़ा दीं। बाद में उन्होंने उसी खजाने से हथियार खरीदे और अंग्रेज अधिकारियों को चुन-चुनकर मारने लगे। लेकिन सरकार ने उस दल के प्रमुख लोगों को गिरफ्तार करके क्रांतिकारियों में हलचल मचा दी। बाद में जालिमों ने उन्हें फांसी पर चढ़ाकर अपनी क्रूरता का परिचय दिया। फांसी पर चढ़ने वालों में राजेन्द्र लाहिड़ी, रोशन सिंह, रामप्रसाद बिस्मिल और अशफाक उल्ला खां शामिल थे। इनके शहीद हो जाने से संगठन को भारी आघात पहुंचा। फिर भी क्रांतिकारियों ने अपना हौसला बनाए रखा। उन्होंने उत्साहपूर्वक अपने आगे की कार्यवाही पर विचार-विमर्श किया। उत्तर प्रदेश में जयदेव कपूर, शिव शर्मा तथा विजय कुमार सिन्हा अपने संगठन का पुनः गठन करने लगे। उधर पंजाब में दल के गठन की जिम्मेदारी सुखदेव, भगतसिंह और चन्द्रशेखर आजाद ले चुके थे। 17 दिसंबर, सन् 1928 को भगत सिंह, राजगुरु, कटुकेश्वर दत्त और आजाद ने सांडर्स नामक अंग्रेज पुलिस अधिकारी की हत्या करके पूरे देश में सनसनी फैला दी। उसके बाद भगत सिंह ने देश में क्रांतिकारी ताकत को बढ़ावा देने के लिए दिल्ली की असेम्बली में बम फेंककर स्वेच्छा से अपनी गिरफ्तारी दे दी। 23 मार्च, 1931 को सरकार ने भगत सिंह के साथ राजगुरु तथा सुखदेव को फांसी पर चढ़ाकर उनकी जीवन लीला समाप्त कर दी।

देश में जो क्रांतिकारी आंदोलन का बवंडर मचा था, उसे सुभाष साक्षात अपनी आंखों से देख रहे थे। एक ओर वे अपने नेतृत्व में गाँधी जी के असहयोग आंदोलन को चला रहे थे और दूसरी ओर वे ब्रिटिश सरकार की चुनौतियों को ध्यान में रखते हुए उस आंदोलन से अलग होकर अपने साथियों की शहादत को बार-बार याद कर रहे थे। वे उनकी शान को बरकरार रखना चाहते थे।

सुभाष चन्द्र बोस अंग्रेजी शासन का विरोध करने वाले क्रांतिकारियों की पंक्तियों में प्रथम थे। लेकिन उन्हें इस बात पर अभी कम विश्वास था कि सशस्त्र क्रांति से ब्रिटिश साम्राज्य को उखाड़ा जा सकता है। उनके मन में यह सवाल बार-बार उठ रहा था कि हमारा संघर्ष प्रशासन में सुधार लाने के लिए जारी रहेगा। हम कांग्रेस को एक राष्ट्रवादी पार्टी बनाकर उसे महाशक्तिशाली बनाएंगे। फिर जनता में आजादी की भावना को जाग्रत करके हम सरकार से टकराएंगे। हमारी शक्ति सरकार के हौसले को जब पस्त कर देगी, तब हमारे देश की आजादी सुनिश्चित हो जाएगी।

6

व्यक्तित्व

बोस पर स्वामी विवेकानन्द, अरविन्द घोष का बड़ा गहरा प्रभाव था। आजाद हिन्द फौज के इस सेनापति का स्वभाव आध्यात्मिक ही था। सन्यासियों के प्रति आकर्षण रखने वाले बोस एक सच्चे समाजसेवी तथा स्वाभिमानी योद्धा थे। क्रान्तिकारियों के बौद्धिक नेता सरदार भगत सिंह के अनुसार,-''सुभाष चन्द्र बोस हिन्दुस्तान के युवाओं के प्रतीक के रूप मे स्थापित हो चुके हैं।।'' नेताजी को हिन्दुस्तान की आजादी का पक्का समर्थक बताते हुए भगत सिंह ने जुलाई 1928 में लिखा था कि सुभाष को प्राचीन संस्कृति का उपासक कहा जाता है। सुभाष चन्द्र बोस को ब्रितानिया हुकूमत तख्ता पलट गिरोह का सदस्य मानती थी। बंगाल अध्यादेश के तहत् सुभाष को कैद भी किया गया था। मद्रास सम्मेलन में सुभाष चन्द्र बोस, पंडित जवाहर लाल नेहरू आदि के प्रयासों से ही पूर्ण स्वराज्य का प्रस्ताव स्वीकृत हो सका था। आध्यात्मिक प्रवृत्ति के सुभाष चन्द्र बोस ने बम्बई में आयोजित एक जनसभा के दौरान, जिसकी अध्यक्षता जवाहर लाल नेहरू कर रहे थे, कहा कि,–''हिन्दुस्तान का दुनिया के नाम एक विशेष सन्देश है। वह दुनिया को आध्यात्मिक शिक्षा देगा। 333 चांदनी रात में ताजमहल को देखो और जिस दिल की यह समझ का परिणाम था, उसकी महानता की कल्पना करो। सोचो, एक बंगाली उपन्यासकार ने लिखा है कि हममें यह हमारे आंसू ही जम-जम कर पत्थर बन गये है। राष्ट्रीयता के सवाल पर बोस ने कहा,–''अंतर्राष्ट्रीयतावादी, राष्ट्रवाद को एक संकीर्ण दायरे वाली विचारधारा बताते हैं, लेकिन यह भूल है, हिन्दुस्तानी राष्ट्रीयता का विचार ऐसा नहीं है। वह न संकीर्ण है, न निजी स्वार्थ से प्रेरित है और न

उत्पीड़नकारी है, क्योंकि इसकी जड़ या मूल तो यह 'सत्यम् शिवम् सुन्दरम्' है, अर्थात् 'सच, कल्याणकारी और सुन्दर।

'सुभाष चन्द्र बोस के नजरिए में पंचायती राज और जनता का राज की अवधारणा भारत के लिए नई चीज नहीं है। यह भारत की पुरातन व्यवस्था है।

भावुक सुभाष चन्द्र बोस अपनी पुरातन मर्यादाओं और सिद्धांतों के मानने वाले एक राजपरिवर्तनकारी व्यक्तित्व से परिपूर्ण थे। पूर्ण स्वराज्य के समर्थक सुभाष चन्द्र बोस अंग्रेजों से मुक्ति दिलाने के साथ-साथ मजदूरों के प्रति सहानुभूति रखने वाले तथा उनकी स्थिति में सुधार चाहने वाले थे। सुभाष चन्द्र बोस के फैसले दिल के फैसले होते थे। सुभाष चन्द्र बोस राष्ट्रीय राजनीति में तब तक ध्यान देना आवश्यक समझते थे, जब तक दुनिया की राजनीति में हिन्दुस्तान की रक्षा और विकास का सवाल हो। देशबंधु चितरंजन दास के राजनैतिक शिष्य सुभाष चन्द्र बोस, उनके निर्देष पर कलकत्ता की राष्ट्रीय विद्यापीठ में प्रचार विभाग में कार्य करने लगे। सुभाष चन्द्र बोस को ''बाग्लारकथा'' नामक अखबार के सम्पादन कार्य की जिम्मेदारी भी दी गई। 1924 में चित्तरंजन दास के कलकत्ता के महापौर बनने पर सुभाष चन्द्र बोस को उन्होंने अपना कार्यकारी अधिकारी बनाया। समाजसेवी सुभाष चन्द्र बोस अपनी तनख्वाह गरीब छात्रों पर खर्च करने लगे। स्वयंसेवकों के SANGATHAN का अपराधी होने के आरोप में सुभाष बाबू को छः माह की जेल यात्रा भी करनी पड़ी थी। जेल से रिहायी के बाद देशबंधु चितरंजन दास के 'फारवर्ड' नामक पत्र का सम्पादन कार्य सुभाष चन्द्र बोस ने संभाला। 25 अक्तूबर, 1924 को बगैर कारण पुनःहिरासत में ले लिए गये सुभाष को अस्वस्थ हो जाने पर ही 15 मई, 1927 को रिहा किया गया। बंगाल प्रांतीय के अध्यक्ष के पद और उसके बाद अखिल भारतीय राष्ट्रीय कांग्रेस के महामंत्री के पद पर कार्य करके सुभाष चन्द्र बोस की प्रतिभा और व्यक्तित्व में निखार आया। बहुमुखी प्रतिभावान सुभाष चन्द्र बोस एक लेखक, सैनिक, दार्शनिक, राजनीतिज्ञ, कुशल नायक, वक्ता और राष्ट्र द्रष्टा के रूप में युगों-युगों तक भारतीय जनमानस के राष्ट्रवादी विचारधारा के वाहकों के हृदय सम्राट व आदर्श रहेंगे। सन् 1930 में कलकत्ता के महापौर चुने जाने पर सुभाष चन्द्र बोस ने अंग्रेजों के अभिनन्दन की प्रथा को समाप्त करने का ऐतिहासिक कार्य किया। साथ ही साथ कलकत्ता को स्वच्छ करवाया, आरोग्य सेवा के प्रचार-प्रसार को प्रारम्भ कराया, ''महाजती सदन'' का शिलान्यास गुरुदेव रवीन्द्रनाथ टैगोर के हाथों करवाया, सांस्कृतिक पारम्परिक कार्यक्रमों को पुनः आयोजित करवाना प्रारम्भ किया, प्रशासनिक दक्षता बढ़ायी, कल्याण कोशों की स्थापना तथा उद्योगों को प्रोत्साहन दिया।

सुभाष चन्द्र बोस के प्रभाव से त्रस्त ब्रितानिया हुकूमत, बार-बार सुभाष चन्द्र बोस को कैद करके इधर-उधर के जेलों में रखती थी। सुभाष को अंग्रेज सरकार ने

निर्वासित करके यूरोप भेज दिया। पिता की बीमारी की खबर सुनकर सुभाष चन्द्र बोस, भारत में निशेधाज्ञा की परवाह किये बगैर लौट आये। करांची में बोस को रोक कर, उनकी पुस्तक "इन्डियन स्ट्रगल" को जब्त कर लिया गया। पिता की मृत्यु के बाद सुभाष चन्द्र बोस को अंत्येष्टि हेतु जाने को मिला। सुभाश चन्द्र बोस ने भूमिगत होकर, यूरोपीय देशों का प्रवास कर वहां पर भारतीयों की आजादी के लिए समर्थन जुटाया। लन्दन में प्रवेश प्रतिबन्धित होने के कारण 10 जून, 1933 को लन्दन में आयोजित तृतीय भारतीय राजनीतिक सभा के अधिवेशन में सुभाष चन्द्र बोस का अध्यक्षीय भाषण पढ़कर सुनाया गया। हरिपुरा कांग्रेस अधिवेशन का अध्यक्षीय भाषण, सुभाष चन्द्र बोस के इतिहास की गहरी जानकारी तथा अंतर्राष्ट्रीय राजनीति के असाधारण ज्ञान का दस्तावेज है। सत्याग्रह को क्रियात्मक बनाने पर जोर देने वाले नेताजी 1939 में पुनः त्रिपुरा कांग्रेस के अध्यक्ष चुने गये। महात्मा गाँधी से राजनैतिक मतभेद के कारण सुभाष चन्द्र बोस ने कांग्रेस छोड़ दी तथा 3 मई, 1939 को कलकत्ता में "फारवर्ड ब्लाक" की स्थापना कर बिखरी शक्ति के एकीकरण तथा स्वतंत्रता आन्दोलन को तेज करने का प्रयास किया। द्वितीय विश्व युद्ध के प्रारम्भ में ही ब्रितानिया हुकूमत ने बोस को "हॉलवैल स्मारक हआओ" मुहिम के कारण कैद कर लिया। बोस की भारतीय स्वतंत्रता आन्दोलन के लिए यह ग्यारहवी तथा अन्तिम जेल यात्रा साबित हुई। सुभाष चन्द्र बोस ने इस अन्याय व दमन के खिलाफ अंग्रेज सरकार को पत्र लिखा कि या तो उन्हें जेल से मुक्त किया जाये नहीं तो वे अनशन कर प्राण त्याग देंगे। यह पत्र सुभाष चन्द्र बोस की राजनैतिक वसीयत है। सप्ताह भर के अनशन के बाद अंग्रेजी सरकार ने 5 दिसम्बर, 1940 को सुभाष चन्द्र बोस को जेल से रिहा कर दिया। धूर्त अंग्रेजों ने नेताजी को घर में ही नजरबन्द कर दिया। आखिरकार 18 जनवरी, 1941 को सुभाश चन्द्र बोस, मौलवी का वेश धर कर घर के पिछले दरवाजे से बाहर निकल कर, अपने भतीजे डॉ. शिशिर बोस के द्वारा लाई गई कार से धनबाद पहुंचे। इस समय भारत की आजादी के लिए जापान में रह रहे, रासबिहारी बोस ने जापान को भारतीय स्वतंत्रता संग्राम में मदद के लिए तैयार कर, आजाद हिन्द फौज का गठन कर लिया था। 15 जून, 1942 को बैंकॉक सम्मेलन में सुभाष चन्द्र बोस को जापान आकर इस फौज का नेतृत्व संभालने का निमंत्रण गया। बोस 16 मई, 1943 को टोकियो (जापान) पहुंचे। सुभाष चन्द्र बोस ने टोकियो रेडियो पर बोलते हुए ब्रिटिष हुकूमत के खिलाफ हथियारबंद लड़ाई के दृढ़ निश्चय और पूर्वी सरहद से आक्रमण आरम्भ करने की घोषणा की। 4 जुलाई, 1943 को रासबिहारी बोस ने भारतीय स्वाधीनता

आन्दोलन का नेतृत्व सुभाष चन्द्र बोस को सौंपा। बोस ने स्वतन्त्र भारत की अस्थायी सरकार बनाने तथा आजाद हिन्द फौज को लेकर हिन्दुस्तान जाने की घोषणा की। 5 जुलाई, 1943 को बोस ने आजाद हिन्द फौज का निरीक्षण कर ''दिल्ली चलो'' का उद्घोष किया। 25 अगस्त, 1943 को सुभाषचन्द्र बोस ने आजाद हिन्द फौज का सिपहसालार पद ग्रहण कर, सेना में भारतीय युवतियों को लेकर ''झाँसी की रानी रेजीमेण्ट'' बनाई। आजाद हिन्द फौज में गाँधी, आजाद और नेहरू बिग्रेड बनाई गई। 23 अक्तूबर, 1943 को आजाद हिन्द की अस्थायी सरकार की तरफ से सुभाष चन्द्र बोस ने ब्रिटेन और अमेरिका के खिलाफ युद्ध की घोषणा की। जापान, जर्मनी, इटली, बर्मा, चीन, थाईलैण्ड, फिलीपीन्स, मंचूरिया की सरकारों ने आजाद हिन्द की अस्थायी सरकार को मान्यता दी तथा 6 नवम्बर, 1943 को तोजो ने बृहत्तर पूर्व एशिया सम्मेलन घोषणा हुई कि जापान ने अंडमान और निकोबार के टापुओ को आजाद हिन्द की अस्थायी सरकार को सौंपने का फैसला किया है। 31 दिसम्बर, 1943 को सुभाष चन्द्र बोस ने अंडमान के दोनों टापुओ का शासन अपने हाथों में लेते हुए टापुओं का नाम "क्रमशः शहीद और 'स्वराज्य' द्वीप रखा।

गाँधी जी, आजाद व नेहरू बिग्रेड के चुनिन्दा सैनिकों को लेकर सितम्बर 1943 में मलाया के ताइपिंग में पहली छापामार रेजीमेण्ट 'सुभाष बिग्रेड' के नाम से बनायी गयी थी और इसके सेनापति शाहनवाज खां थे। 4 जनवरी, 1944 को सुभाषचन्द्र बोस ने रंगून पहुँच कर, मुख्य कार्यालय स्थापित किया। 3 फरवरी, 1944 को रंगून से बोस ने आजाद हिन्द फौज को जीत या शहादत के लिए रवाना किया। आजाद हिन्द फौज के सैनिकों और भारतवासियों से NETAJI -''तुम मुझे खून दो, मैं तुम्हें आजादी दूंगा'' शाहनवाज खां, कप्तान सूरजमल, मंदर अजाब सिंह, मनसुख लाल, मेजर आबिद हुसैन, मेजर रतूरी आदि आजाद हिन्द के सेना नायकों ने अपनी सरजमी की आजादी के लिए हरसम्भव प्रयास किये। इन रणबांकुरों ने अपने अदम्य शौर्य व साहस का प्रदर्शन करते हुए टेटमा, प्लेटवा, डलेटमा, मोडक चौकी, अल्वा चौकी, क्लालखुआ, कोहिमा पर तिरंगा फहरा कर नेताजी की जय और जय हिन्द के नारे लगाये। इम्फाल के निर्णायक युद्ध में हार चुकी अंग्रेजी फौज मार्ग न मिलने के कारण लड़ती रही, प्रकृति ने अंग्रेजों का साथ दे दिया, भीषण बरसात ने आजाद हिन्द फौज को तितर-बितर कर दिया। नेताजी सुभाष चन्द्र बोस मन व शरीर दोनों से युद्ध, प्रशासन व संगठन तीनों मोर्चों पर एक साथ काम करते हुए फौजियों का मनोबल व उत्साह बढ़ा रहे थे। इम्फाल में शिकस्त खाकर फौज रंगून लौटी। अमेरिका के द्वारा जापान पर अणु बम के हमले के बाद जापान ने हार स्वीकार

कर ली परन्तु नेताजी सुभाष चन्द्र बोस ने हार नहीं स्वीकारी। आपात-कालीन फैसले लेते हुए गोपनीय दस्तावेज नष्ट करके, झाँसी की रानी रेजीमेण्ट को भंग करके, युवतियों को घर भेजा गया। सारे साथियों को बर्मा से कुशल बाहर निकाल कर, 16 अगस्त, 1946 को नेताजी सुभाष चन्द्र बोस सिंगापुर से बैंकॉक होते हुए सैगोन, सैगोन से इण्डोचायना व फारमोसा द्वीप पहुंचे। फारमोसा के ताईहोकू हवाई अड्डे पर 18 अगस्त, 1945 को भोजन करने के पश्चात दो इंजन वाले जापानी बमबाज हवाई जहाज से जैसे ही उड़ान भरे कि जहाज में आग लग गई। बुरी तरह जले हुए सुभाष चन्द्र बोस को अस्पताल ले जाया गया, जहाँ पर रात 8 से 9 बजे के बीच उनका देहान्त हो गया। इस दुर्घटना की बात को सुभाष चन्द्र बोस के परिजनों व प्रशंसकों ने सत्य नहीं माना। आजादी के बाद भारत सरकार की जांच में यह दुर्घटना सत्य साबित हुई। नेताजी का अंतिम सन्देश था,–"मेरा अन्त समीप है, हबीब देशवासियों से कहना कि आजादी की लड़ाई चालू रखें। भारत शीघ्र ही आजाद होने वाला है।"

साहस, सहृदयता व नैतिकता की साक्षात् मूर्ति नेताजी सुभाष चन्द्र बोस के दिल में महात्मा गाँधी व अहिंसा के सिद्धांतों को लेकर श्रद्धा थी। लेकिन वे सशस्त्र संघर्ष को वीरोचित आचरण मानते थे। यह नेताजी सुभाष चन्द्र बोस ही थे, जिन्होंने सर्वप्रथम रेडियो रंगून से महात्मा गाँधी को "राष्ट्रपिता" कह कर सम्बोधित किया था। नेताजी ने एक बार कहा था,–"एक बार भारत स्वतंत्र हो जाये तो इसे गाँधीजी को सौंप दूंगा और कहूँगा कि अब इसे आपकी अहिंसा की सबसे ज्यादा जरूरत है।" नेताजी सुभाष चन्द्र बोस के संघर्ष, उनकी सोच व कर्मठता आज हमारे बीच प्रेरक बनकर, उनके सदैव हमारे साथ होने का अहसास कराने के साथ-साथ देश हित अपना सर्वस्व न्यौछावर कर देने का पाठ पढ़ाती रहती है।

राष्ट्रीय स्वयंसेवक संघ का दृष्टिकोण

भारत को स्वतंत्रता दिलाने के लिए, विदेशों में प्रयत्न करने के उद्देश्य से, विदेश जाने के पूर्व नेता जी सुभाषचन्द्र बोस का इरादा पूजनीय डॉक्टरजी से विचार-विनिमय करने का था। जर्मनी, जापान आदि देशों से मदद लेकर आजाद हिंद सेना का गठन कर पूर्व की ओर से भारत पर आक्रमण कर उसे स्वतंत्र करने की व्यापक योजना तैयार की गई थी।

इस आक्रमण के समय ही भारत की क्रांतिकारी संगठितहोकर देश में अंग्रेज सत्ता के विरुद्ध बगावत खड़ी कर सकेंगे–आवश्यक हुआ तो गृहयुद्ध का सहारा भी लेंगे, ताकि भारत को स्वाधीनता दिलाने का स्वप्न शीघ्र ही पूरा किया जा सके-

इस दृष्टि से श्री सुभाष चन्द्र बोस ने अनेक क्रांतिकारियों से सम्पर्क साधा था- इसी सन्दर्भ में वे डॉक्टर जी से भी मिलना चाहते थे। मई 1938 में उन्होंने भेंट करने का प्रयास भी किया किन्तु उन दिनों डॉक्टरजी अस्वस्थता के कारण देववाली में थे, इसलिए वह भेंट नहीं हो पायी। बाद में 1940 के जून में जब श्री सुभाषचन्द्र बोस नागपुर आये, तब तो पू. डॉक्टर जी मरणासन्न स्थिति में थे, इसलिए श्री सुभाषचन्द्र दूर से ही डॉक्टर जी को प्रणाम कर लौट गए। नागपुर से कानपुर (या लखनऊ) गए, जहां उन्होंने एक गुप्त बैठक में भाग लिया। इस गुप्त बैठक में, उचित समय आने पर आंतरिक उठाव करने सम्बन्धी विचार-विनिमय होने की बात कानोंकान सुनी गई। किन्तु ऐसी गुप्त बैठक के पूर्व श्री सुभाष चन्द्र बोस को डॉक्टर जी से विचार-विनिमय करने की आवश्यकता महसूस हुई। इससे यह प्रतीत होता है कि श्री सुभाषचन्द्र बोस को इस बात का पूर्ण विश्वास था कि क्रांतिकारियों की गोपनीय योजनाओं का सफल क्रियान्वयन डॉक्टर जी के सहयोग से ही संभव है।

ऐसी ही एक घटना है वर्मा की क्लंग घाटी पर आजाद हिन्द फौज का मुकाबला अंग्रेजी सेना की एक टुकड़ी से हो गया। आजाद हिन्द फौज के कुल तीन जवान और अंग्रेजों की 169 सैनिकों की भारी-भरकम टुकड़ी। इस भीषण परिस्थिति में नेताजी सुभाषचन्द्र बोस बैठे स्वामी विवेकानन्द की पुस्तक पढ़ रहे थे। पुस्तक के इस अंश ने-जब संकटों के बादल सिर पर मँडरा रहे हों, तब भी मनुष्य को धैर्य नहीं छोड़ना चाहिए। धैर्यवान व्यक्ति भीषण परिस्थितियों में भी विजयी होते हैं।" नेताजी को प्रकाश प्रेरणा से आलोकित कर दिया। घाटी से खबर आयी कि क्या तीनों सैनिक पीछे हटा लिये जाएँ? नेताजी के हृदय में छुपे विवेकानन्द के विचार फूट पड़े। वे बोले-प्रातः काल तो वे स्वयं मुठभेड़ की लड़ाई के लिए चढ़ दौड़े। जब उस चौकी पर पहुँचे तो देखा कि अंग्रेजी सेना के कुछ सिपाही तो मरे पड़े हैं, शेष अपना सामान छोड़कर भाग गये हैं।

सुभाषचन्द्र बोस हैं नहीं, पर स्वतंत्रता का सबसे पहला आनन्द उन्होंने ही लिया। मातृभूमि पर अपना सर्वस्व न्योछावर करने वाले अमर सेनानी के बारे में यदि यह कहा जाए, तो कोई अतिशयोक्ति नहीं होगी कि स्वामी विवेकानन्द के साहित्य ने उन्हें चिरमुक्त बना दिया था। उनमें अगाध निर्भयता, धैर्य और साहस था। यह सब गुण उन्हें विवेकानन्द साहित्य से विरासत में मिले थे। उन्होंने जो कुछ भी पढ़ा, उसके एक-एक वाक्य को अपने जीवन का एक-एक चरण बना लिया। उसी का प्रतिफल था कि वह जापान, सिंगापुर और जर्मनी जहाँ कहीं भी

गये, उनका स्वागत उसी प्रकार हुआ जिस प्रकार स्वामी विवेकानन्द का अमेरिका और इंग्लैण्ड में हुआ था। भारतीय जनमानस में अभी भी वे जीवन्त व्यक्तित्व के रूप में रचे-बसे हैं और प्रकाश एवं प्रेरणा स्रोत बने हुए हैं। वस्तुतः यह श्रेय स्वाध्याय को ही है, जो सुभाष की जीवनशिला पर क्रियाशीलता बनकर खुद चुका था।

निर्मल हृदय

सुभाष चन्द्र बोस के घर के सामने एक बूढ़ी भिखारिन रहती थी। वे देखते थे कि वह हमेशा भीख मांगती थी और दर्द साफ दिखाई देता था। उसकी ऐसी अवस्था देखकर उनका दिल दहल जाता था। भिखारिन से मेरी हालत कितनी अच्छी है यह सोचकर वे स्वयं शर्म महसूस करते थे।

उन्हें यह देखकर बहुत कष्ट होता था कि उसे दो समय की रोटी भी नसीब नहीं होती। बरसात, तूफान, कड़ी धूप और ठंड से वह अपनी रक्षा नहीं कर पाती।

यदि हमारे समाज में एक भी व्यक्ति ऐसा है कि वह अपनी आवश्यकता को पूरा नहीं सकता तो मुझे सुखी जीवन जीने का क्या अधिकार है और उन्होंने ठान लिया कि केवल सोचने से कुछ नहीं होगा, कोई ठोस कदम उठाना ही होगा।

सुभाष के घर से उसके कॉलेज की दूरी 3 किलोमीटर थी। जो पैसे उन्हें खर्च के लिए मिलते थे उनमें उनका बस का किराया भी शामिल था। उस बुढ़िया की मदद हो सके, इसीलिए वह पैदल कॉलेज जाने लगे और किराए के बचे हुए पैसे वह बुढ़िया को देने लगे।

सुभाष जब विद्यालय जाया करते थे तो मां उन्हें खाने के लिए भोजन दिया करती थी। विद्यालय के पास ही एक बूढ़ी महिला रहती थी। वह इतनी असहाय थी कि अपने लिए भोजन तक नहीं बना सकती थी।

प्रतिदिन सुभाष अपने भोजन में से आधा भोजन उस बुढ़िया को दिया करते थे। एक दिन सुभाष ने देखा कि वह बुढ़िया बहुत बीमार है। सुभाष ने 10 दिन तक उस बुढ़िया की मन से सेवा की और वह बुढ़िया ठीक हो गई।

दृढ़ इच्छाशक्ति

न केवल गाँधीजी को चुनौती दी, बल्कि उनके विरोध के बावजूद वह कांग्रेस के अध्यक्ष जैसे पद पर निर्वाचित भी हुए। जब नेताजी ने समझ लिया कि अहिंसा के रास्ते पर चलकर आजादी हासिल नहीं हो सकती तो उन्होंने सशस्त्र संघर्ष की

खातिर न केवल देश छोड़ा, बल्कि जर्मन व जापानी मित्रों के सहयोग से भारतीय सैनिक बंदियों व सैनिक शक्तियों को संगठित कर 'आजाद हिंद फौज' की स्थापना की।

भले ही जापान के सहयोग व समर्थन से उनकी आजाद हिंद फौज बर्मा के मोर्चे पर अंग्रेजी हुकूमत की फौजों से लोहा न ले सकी और उनका लाल किले पर झंडा फहराने का सपना पूरा नहीं हुआ लेकिन आजादी की लड़ाई में उनका और उनके हजारों वीर सैनिकों के अकथनीय योगदान पर हर देशवासी को गर्व है। कई लोगों का मानना है कि यदि आजाद हिंद फौज भारतीय नागरिकों के विशाल समर्थन के बलबूते लालकिले पर झंडा फहराने में कामयाब हो जाती तो वह आजादी 15 अगस्त, 1947 को सौदेबाजी और मुल्क के बंटवारे की कीमत पर मिली आजादी से कहीं शानदार होती और मुल्क का नक्शा ही कुछ और होता।

यहां इस बात पर मतभेद हो सकते हैं कि यदि उस समय हिटलर-तोजो -मुसोलिनी की तिकड़ी कामयाब हो जाती तो क्या हिंदुस्तान की संप्रभता सुरक्षित रह पाती? लेकिन महान सेनानी और देशभक्त सुभाष बाबू के उदात्त चरित्र, दृढ़ता एवं स्वतंत्रता की श्रीदेवी के चरणों में स्वयं को उत्सर्ग करने की उत्कट अभिलाषा देखकर बिना शक कहा जा सकता है कि इस मुद्दे पर नेताजी किसी भी कीमत पर जर्मनी या जापान के आगे नहीं झुकते। यह बात सच है कि कांग्रेस क्या, इसके अलावा भी देश की सत्ता पर काबिज पार्टियां (जनता पार्टी, जनता दल और भारतीय जनता पार्टी) उनका मूल्यांकन करने में नाकाम रहीं। लेकिन इस तथ्य को नकारा नहीं जा सकता है कि देश की जनता ने उनका मूल्यांकन कर उन्हें यथोचित सम्मान दिया।

नेताजी के एक समय ड्राइवर और अंगरक्षक रहे उत्तर प्रदेश के आजमगढ़ जिले के मूल गांव ढकुआ व मौजूदा जिला मुख्यालय से 12 किमी. दूर बिल्लारीगंज क्षेत्र के शहाबुद्दीनपुर गांव निवासी निजामुद्दीन ने यह खुलासा किया था कि नेताजी उस विमान में थे ही नहीं, जो ताइपेह में दुर्घटनाग्रस्त हुआ था। क्योंकि अंतिम समय में नेताजी ने विमान में सवार होने का इरादा बदल दिया था। निजामुद्दीन के अनुसार 1946 में थाईलैंड में एक नदी के पुल पर उनकी नेताजी, जिन्हें वह प्यार और आदर से 'बाबू' कहा करते थे, से उनके भाई शरतचन्द्र बोस के साथ भेंट हुई थी। उस दौरान नेताजी की 'कथित मौत' पर भी चर्चा हुई थी। तब बाबू यानी नेताजी ने उन्हें बताया था कि किस तरह भारतीय नेता उनकी मौत के नाम पर राजनीति कर रहे हैं।

इसमें ब्रिटेन और अमेरिकी सरकारों का भी हाथ था। उस समय भारतीय नेताओं से बेहद दुखी नेताजी ने कहा था कि जो जैसा करेगा, वैसा भरेगा। यह मुलाकात नेताजी यानी बाबू से उनकी आखिरी मुलाकात थी। निजामुद्दीन के अनुसार नेताजी को साहब कहलाना पसंद नहीं था और सभी उन्हें बाबू कहा करते थे। वह मलय के एक शासक द्वारा नेताजी को भेंट में दी गई कार के ड्राइवर थे। बाद में उन्हें नेताजी का अंगरक्षक भी बना दिया गया था। नेताजी से इस मुलाकात के बाद बर्मा में ही बस गए। निजामुद्दीन बर्मावासियों के व्यवहार से दुखी होकर 1969 में ढकुआ लौट आए और यहीं रहने लगे। उनके अनुसार 1971 में उनकी मुलाकात मद्रास में एक स्वामीजी से हुई थी जो नेताजी के दाहिने हाथ माने जाते थे।

नेताजी सुभाषचन्द्र बोस की विमान दुर्घटना में हुई मृत्यु की जांच और उसके निष्कर्ष आज भी रहस्य के घेरे में हैं। ऐसा लगता है कि सरकार की मानसिकता उस रहस्य को उजागर करने में नहीं वरन् उन्हें उस दुर्घटना में मृत मान लेने की रही है। लेकिन उनको अपना आदर्श मानने वाला एक बड़ा वर्ग इसको स्वीकारने को आज भी तैयार नहीं है। लेकिन ज्योतिष शास्त्र के ज्ञाता और भारतीय प्राच्य विद्या सोसाइटी के अध्यक्ष डॉ प्रतीक मिश्र पुरी नेताजी की जन्म कुंडली के आधार पर मानते हैं कि उनकी मृत्यु 18 अगस्त 1945 को विमान दुर्घटना में ही हुई थी। उस दिन शनिवार था। सुभाष बाबू की जन्म कुंडली में शनि अष्टम स्थान में था और अष्टम स्थान मृत्यु का कारण होता है। इसलिए हवाई दुर्घटना की संभावना बलवती होती प्रतीत होती है। लेकिन निजामुद्दीन का कथन इस ज्योतिषीय आंकलन का खंडन करता है। इससे उनकी हवाई दुर्घटना में मौत का रहस्य और गहरा जाता है कि आखिर उनकी मृत्यु कहां और कब हुई। देश को इसका जबाव आज तक नहीं मिल सका है।

इस तथ्य को भी बहुत कम लोग जानते हैं कि नेताजी प्रख्यात बांग्ला लेखक, साहित्यकार एवं उपन्यासकार शरत चन्द्र से बहुत प्रभावित थे। वह उनका बहुत सम्मान करते थे। शरतचन्द्र उनके आदर्श थे और प्रख्यात क्रांतिकारी रासबिहारी बोस प्रेरणा पुरुष। शरतजी की बात उनके दिलोदिमाग में बैठ गई थी कि जब भीख मांगकर पेट भरना संभव नहीं, तब भीख मांगकर स्वतंत्रता प्राप्त करना कहां तक संभव है?

इसमें दो राय नहीं कि सुभाष बाबू के राजनीतिक मतवाद पर शरत की तेजस्वी व भाव प्रवण विचार-धारा का गहरा असर पड़ा और यह भी सच है कि नेताजी के विप्लवी विचार शरतजी की प्रेरणा से ही जन्मे थे। जब अंग्रेजों ने सुभाष बाबू को

प्रेसीडेंसी जेल में डाल दिया तो उन्होंने अनशन कर दिया। लाख कोशिशों के बाद भी वह अनशन तोड़ने पर राजी नहीं हुए। तब उन्हें मनाने की जिम्मेदारी शरतजी पर डाली गयी। शरतजी ने सुभाष बाबू से कहा कि 'खून की होली खेलने वाला वीर जीवन से क्यों मुंह मोड़ रहा है।

मरना है तो वीरों की तरह मरो, कायरों की तरह नहीं। सारा देश तुम्हारी तरफ देख रहा है। आज मैं तुम्हारा व्रत तोडूंगा। मुझे निराश नहीं करना।' यह सुनकर सुभाष बाबू चुप हो गए और शरतजी के हाथ से संतरे का जूस पीकर अनशन तोड़ा। इसके कुछ दिन बाद समाचार पत्रों में प्रकाशित हुआ कि 26 जनवरी 1941 को सुभाष अपने देश को स्वतंत्र कराने के उद्देश्य से देश के बाहर जा चुके हैं।

यह बड़ी विडम्बना रही कि सुभाष बाबू रास बिहारी बोस, मौलाना बरकतउल्लाह खान की तरह देश की आजादी और उसके लिए अपना सर्वस्व कुर्बान करने का सपना लेकर देश से बाहर जाने के बाद दोबारा देश वापस नहीं लौट सके। यह सच है कि आज भी उनकी मृत्यु का रहस्य बना हुआ है। लेकिन लक्ष्य और उद्देश्य की प्राप्ति के लिए किए गए उनके संघर्ष को देशवासी कभी नहीं भुला पायेंगे। वे सदैव उनके प्रेरणास्रेत बने रहेंगे। उनका स्वातंर्त्य आंदोलन में योगदान हमारी अमिट धरोहर है और बलिदान व भारतीय इतिहास में उनका नाम स्वर्णाच्छरों में अंकित है।

युवाओं के लिए प्रेरणास्रोत

समाज और राष्ट्र निर्माण का जिम्मा युवा शक्ति के कंधों पर ही होता है। जब-जब देश का युवा जागरूक हुआ है, तब-तब देश ने तरक्की के सोपान तय किए हैं और सामाजिक एवं राष्ट्रीय परिवर्तन की धाराओं ने आकार पाया है।

आज नेताजी सुभाषचन्द्र बोस के पूरे व्यक्तित्व और कर्मयोग से प्रेरणा पाकर अपने भीतर के सुप्त पड़े युवत्व को जगाने की आवश्यकता है।

आज युवाओं की कोई कमी नहीं है, मगर उन युवाओं की कमी है जिन्हें अपनी जवानी और जोश का भान हो, जीवन निर्माण और संसार को बदल देने की क्षमताओं और महानतम सामर्थ्य का अहसास हो तथा समाज एवं देश के लिए काम आ सकने का पूरा-पूरा जज्बा हो।

युवा शक्ति की भारी भरमार है, जहां देखें वहां युवा शक्ति का महाज्वार दिखता है और जिधर देखें उधर युवाओं का सागर लहराता दिखता है। लेकिन नहीं दिखता तो सिर्फ युवाओं के भीतर का जोश, उछाह मारता युवत्व और निरन्तर अच्छाइयों भरे समाज की नवरचना तथा राष्ट्र निर्माण के लिए जरूरी ताकत।

कुछ तो जमाने की मार ने घायल कर दिया है,? कुछ से लोगों ने कायल कर रखा है जिन्हें युवाओं के कंधे चाहिए अपने कद बढ़ाने के लिए, कुछ विचित्र माध्यमों ने कबाड़ा कर दिया है और बचा-खुचा दम पाश्चात्यों ने निकाल दिया है।

युवा शक्ति आज चारों तरफ अभिमन्यु की तरह जाने कितने चक्रव्यूहों में फंसी हुई है।

कुछ बाहर निकलने को तैयार नहीं हैं, कुछ बाहर निकलना चाहते हैं, मगर समस्याओं और अभावों के साथ ही कुटिल चालों से भरे महारथियों की फौज बाहर खड़ी है जो कि बाहर की रुख करने वालों पर लपक पड़ती है।

ऐसे में नेताजी सुभाषचन्द्र बोस का स्मरण करना और उनको जानना जरूरी है जिन्होंने अपने फौलादी बाजुओं का इस्तेमाल मातृभूमि की रक्षा के लिए किया।

आज नरमी की बजाय गरमी की जरूरत है और सुभाष बोस की ही तरह भट्टी जैसी गर्मी की आवश्यकता है।

आज हमें बाहर से भी लड़ना है और भीतर से भी।

सुभाष बोस ने कभी कोई समझौता नहीं किया, बल्कि देश सेवा और राष्ट्र निर्माण के लिए वो सब कुछ किया जिसके लिए जवानी का समर्पण जरूरी है।

आज उसी जज्बे को पैदा करने की जरूरत है, तभी हमारे युवा होने का कोई अर्थ है वर्ना हमारे चेहरों से निरन्तर खत्म होता जा रहा ओज, यौवन का सामर्थ्य और जीवन जीने का उत्साह यों ही क्षरित होता रहेगा और आने वाली पीढ़ियां हमें निरन्तर उलाहना देती हुई वह सब कुछ कहने में कोई संकोच नहीं करेंगी जो सामान्य तौर पर सभ्य समाज में नहीं कहा जाता।

युवा होने का मर्म समझें और अपने यौवन को जगाएं, देश के लिए एसा कुछ कर गुजरें कि आने वाले युगों तक नेताजी की तरह याद किया जाता रहे।

7

सुभाषचन्द्र बोस के भाषण

आजादी की लड़ाई में महत्वपूर्ण भूमिका निभाने वाले सुभाष चन्द्र बोस एक अच्छे वक्ता भी थे। उन्होंने अपने भाषण द्वारा बड़ी संख्या में लोगों को आकर्षित किया। उनका जीवन चरित्र उनके ऐतिहासिक भाषणों की चर्चा किए बिना अधूरा है। अतः प्रस्तुत अध्याय में उनके कुछ प्रमुख भाषणों पर प्रकाश डाला गया है।

तुम मुझे खून दो मैं तुम्हे आजादी दूंगा !

मित्रों ! बारह महीने पहले "पूर्ण संग्रहण" या "परम बलिदान" का एक नया कार्यक्रम पूर्वी एशिया में मौजूद भारतीयों के समक्ष रखा गया था। आज मैं आपको पिछले वर्ष की उपलब्धियों का लेखा-जोखा दूंगा और आपके सामने आने वाले वर्ष के लिए हमारी मांगें रखूँगा। लेकिन ये बताने से पहले, मैं चाहता हूँ कि आप इस बात को समझें कि एक बार फिर हमारे सामने स्वतंत्रता हासिल करने का स्वर्णिम अवसर है। अंग्रेज एक विश्वव्यापी संघर्ष में लगे हुए हैं और इस संघर्ष के दौरान उन्हें कई मोर्चों पर बार-बार हार का सामना करना पड़ा है। इस प्रकार दुश्मन बहुत हद तक कमजोर हो गया है, स्वतंत्रता के लिए हमारी लड़ाई आज से पांच साल पहले की तुलना में काफी आसान हो गयी है। ईश्वर द्वारा दिया गया ऐसा दुर्लभ अवसर सदी में एक बार आता है। इसीलिए हमने प्रण लिया है कि हम इस अवसर का पूर्ण उपयोग अपनी मात्र-भूमि को अंग्रेजी दासता से मुक्त करने के लिए करेंगे।

मैं अपने संघर्ष के परिणाम को लेकर बिलकुल आस्वस्थ हूँ, क्योंकि मैं सिर्फ पूर्वी एशिया में मौजूद 30 लाख भारतीयों के प्रयत्नों पर निर्भर नहीं हूँ। भारत के

अन्दर भी एक विशाल आन्दोलन चल रहा है और हमारे करोड़ों देशवासी स्वतंत्रता पाने के लिए कष्ट सहने और बलिदान देने को तैयार हैं।

दुर्भाग्यवश 1857 के महासंग्राम के बाद से हमारे देशवासी अस्त्रहीन हैं और दुश्मन पूरी तरह सशस्त्र है। बिना हथियारों और आधुनिक सेना के ये असंभव है कि इस आधुनिक युग में निहत्थे आजादी की लड़ाई जीती जा सके। ईश्वर की कृपा और जापानियों की मदद से पूर्वी एशिया में मौजूद भारतीयों के लिए हथियार प्राप्त करके आधुनिक सेना कड़ी करना संभव हो गया है। इसके अलावा पूर्वी एशिया में सभी भारतीय उस व्यक्ति से जुड़े हुए हैं जो स्वतंत्रता के लिए संघर्ष कर रहा है, अंग्रेजों द्वारा भारत में पैदा किये गए सभी धार्मिक एवं अन्य मतभेद यहाँ मौजूद नहीं हैं। नतीजतन, अब हमारे संघर्ष की सफलता के लिए परिस्थितियां आदर्श हैं और अब बस इस बात की आवश्यकता है कि भारतीय आजादी की कीमत चुकाने के लिए खुद सामने आएं।

पूर्ण संग्रहण कार्यक्रम के अंतर्गत मैंने आपसे मेन, मनी। मेटेरियल (लोगों, धन, सामग्री) की मांग की थी। जहाँ तक लोगों का सवाल है मुझे ये बताते हुए खुशी हो रही है कि मैंने पहले से ही पर्याप्त लोग भर्ती कर लिए हैं। भर्ती हुए लोग पूर्वी एशिया के सभी कोनों से हैं चाईना, जापान, इंडिया-चाईना, फिलीपींस, जावा, बोर्नो, सेलेबस, सुमात्रा, मलय, थाईलैंड और बर्मा।

आपको मेन, मनी, मटेरिअल, की आपूर्ति पूरे जोश और उर्जा के साथ जारी रखना होगा, विशेष रूप से संचय और परिवहन की समस्या को हल किया जाना चाहिए।

हमें मुक्त हुए क्षेत्रों के प्रशाशन और पुनर्निर्माण हेतु हर वर्ग के पुरुषों और महिलाओं की आवश्यकता है। हमें ऐसी स्थिति के लिए तैयार रहना होगा जिसमें दुश्मन किसी इलाके को खाली करते समय इस्कोर्चड अर्थ पालिसी का प्रयोग कर सकता है और आम नागरिकों को भी जगह खाली करने के लिए मजबूर कर सकता है, जैसा कि बर्मा में हुआ था।

सबसे महत्त्वपूर्ण समस्या मोर्चों पर लड़ रहे सैनिकों को अतिरिक्त सैन्य बल और सामग्री पहुंचाने की है। अगर हम ऐसा नहीं करते हैं तो हम लड़ाई के मोर्चों पर अपनी सफलता बनाए रखने की उम्मीद नहीं कर सकते और न ही भारत के अन्दर गहरी पैठ करने की उम्मीद कर सकते हैं।

आपमें से जो लोग इस घरेलू मोर्चे पर काम करना जारी रखेंगे, उन्हें ये कभी नहीं भूलना चाहिए कि पूर्वी एशिया विशेष रूप से बर्मा आजादी की लड़ाई के लिए

हमारे आधार हैं। अगर ये आधार मजबूत नहीं रहे तो हमारी सेना कभी विजयी नहीं हो पायेगी। याद रखिये ये "पूर्ण युद्ध है"- और सिर्फ दो सेनाओं के बीच की लड़ाई नहीं। यही वजह है कि पूरे एक साल से मैं पूर्व में पूर्ण संग्रहण के लिए जोर लगा रहा हूँ।

एक और वजह है कि क्यों मैं आपको घरेलू मोर्चे पर सजग रहने के लिए कह रहा हूँ। आने वाले महीनों में मैं और युद्ध समिति के मेरे सहयोगी चाहते हैं कि अपना सारा ध्यान लड़ाई के मोर्चों और भारत के अन्दर क्रांति के काम पर लगाएं। इसीलिए, हम पूरी तरह आस्वस्थ होना चाहते हैं कि हमारी अनुपस्थिति में भी यहाँ का काम बिना बाधा के सुचारू रूप से चलता रहेगा।

मित्रों, एक साल पहले जब मैंने आपसे कुछ मांगें की थी, तब मैंने कहा था कि अगर आप मुझे पूर्ण संग्रहण देंगे तो मैं आपको 'दूसरा मोर्चा' दूंगा। मैंने उस वचन को निभाया है। हमारे अभियान का पहला चरण खत्म हो गया है। हमारे विजयी सैनिक जापानी सैनिकों के साथ कंधे से कन्धा मिला कर लड़ रहे हैं, उन्होंने दुश्मन को पीछे ढकेल दिया है और अब बहादुरी से अपनी मात्रभूमि की पावन धरती पर लड़ रहे हैं।

आगे जो काम है उसके लिए अपनी कमर कस लीजिये। मैंने मेन, मनी, मटेरिअल के लिए कहा था। मुझे वो पर्याप्त मात्रा में मिल गए हैं। अब मुझे आप चाहियें। मेन, मनी मटेरिअल अपने आप में जीत या स्वतंत्रता नहीं दिला सकते। हमारे अन्दर प्रेरणा की शक्ति होनी चाहिए जो हमें वीरतापूर्ण और साहसिक कार्य करने के लिए प्रेरित करे।

सिर्फ ऐसी इच्छा रखना कि अब भारत स्वतंत्र हो जायेगा क्योंकि विजय अब हमारी पहुंच में है एक घातक गलती होगी किसी के अन्दर स्वतंत्रता का आनंद लेने के लिए जीने की इच्छा नहीं होनी चाहिए। हमारे सामने अभी भी एक लम्बी लड़ाई है।

आज हमारे अन्दर बस एक ही इच्छा होनी चाहिए—मरने की इच्छा, ताकि भारत जी सके- एक शहीद की मृत्यु की इच्छा, ताकि स्वतंत्रता का पथ शहीदों के रक्त से प्रशस्त हो सके। मित्रों! स्वतंत्रता संग्राम में भाग ले रहे मेरे साथियों ! आज मैं किसी भी चीज से ज्यादा आपसे एक चीज की मांग करता हूँ। मैं आपसे आपके खून की मांग करता हूँ। केवल खून ही दुश्मन द्वारा बहाए गए खून का बदला ले सकता है। सिर्फ और सिर्फ खून ही आजादी की कीमत चुका सकता है।

"तुम मुझे खून दो मैं तुम्हें आज़ादी दूंगा!"

वावेल प्रस्ताव को कचरे की ढेर में फेंक दो-

21 जून, 1945 को सिंगापुर से प्रसारण

भारत में मेरी बहनो और भाइयो! पिछले तीन दिनों से मैं-राष्ट्रीय व अन्तर्राष्ट्रीय-दोनों ही मुद्दों पर एक व्यापक दृष्टिकोण के साथ आपसे बातें कर रहा था और भारत की समस्या का विश्लेषण अन्तर्राष्ट्रीय पृष्ठभूमि पर कर रहा था, जो उचित भी है। विभिन्न एजेन्सियों के माध्यम से जो खबरें हम तक पहुँच रही हैं, उनसे ऐसा प्रतीत होता है कि जो आज अपने विचारों को मुखर अभिव्यक्ति दे रहे हैं, वे बहुत ही संकीर्ण एवं अदूरदर्शी दृष्टिकोण से भारत की समस्याओं का आकलन कर रहे हैं। जो भारत की समस्या को सही नजरिये से देख सकते हैं, उनमें से ज्यादातर अपनी आवाज को भारत के बाहर पहुँचा पाने में असमर्थ हैं, विशेषकर इसलिए कि उनमें से कुछ हिरासत में हैं। अगर महात्मा गाँधी तथा काँग्रेस कार्य समिति के सदस्यों ने ब्रिटिश सरकार के साथ वार्ता करने से पहले सभी राजनीतिक बन्दियों की रिहाई के लिए दबाव डाला होता, तो हमें चिन्तित होने की कोई जरूरत नहीं थी। अगर राजनीतिक कैदियों की रिहाई हो गयी होती और ऑल इण्डिया काँग्रेस का पूर्ण सम्मेलन हुआ होता, तब सम्पूर्ण काँग्रेस संगठन का अभिमत सामने आ जाता। लेकिन ब्रिटिश सरकार ने, अपनी चिर-परिचित धूर्तता दिखाते हुए जानबूझ कर सिर्फ काँग्रेस वर्किंग कमेंटी के सदस्यों को रिहा किया और बाकियों को जेल में रखा, ताकि काँग्रेस संगठन के अन्दर के समूचे वाम धड़े की आवाज को मूक बनाया जा सके।

मेरे दिमाग में इस बात को लेकर जरा भी सन्देह नहीं है कि आज देश की जनता का अभिमत, खास तौर पर काँग्रेस संगठन का अभिमत क्रान्तिकारी दिशा में पर्याप्त आगे बढ़ गया है- बनिस्पत 1939 के, जब वर्तमान युद्ध की शुरुआत हुई थी। परिणामस्वरूप, अगर काँग्रेस की आम सभा बुलायी जाती है, या कम-से-कम ऑल इण्डिया काँग्रेस कमेंटी की पूर्ण बैठक बुलायी जाती है, तो लॉर्ड वावेल के प्रस्ताव को भारी बहुमत के साथ रद्द कर दिया जायेगा। ब्रिटिश सरकार तथा लॉर्ड वावेल भारत की परिस्थिति को जानते हैं, और वे महसूस कर रहे हैं कि अगर ब्रिटिश प्रस्ताव को काँग्रेस की आम सभा या ऑल इण्डिया काँग्रेस कमेंटी के भरोसे छोड़ा गया, तो इसे स्वीकृति मिलने की सम्भावना रत्ती भर भी नहीं है। अतः, उन लोगों ने ऐसी स्थिति पैदा कर दी है कि काँग्रेस की ओर से सिर्फ वर्किंग कमेटी ही लॉर्ड वावेल

के प्रस्ताव पर फैसला ले, जबकि काँग्रेस के संविधान के अनुसार अकेली वर्किंग कमेटी इतने महत्वपूर्ण मुद्दे पर काँग्रेस की ओर से अन्तिम निर्णय नहीं ले सकती।

हालाँकि मैं यह स्वीकार करता हूँ कि अगर काँग्रेस वर्किंग कमेटी काँग्रेस के सभी धड़ों का प्रतिनिधित्व करती है या वास्तव में परिस्थिति आपात्कालीन है तो इसके द्वारा सिर्फ अपनी जिम्मेवारी पर इतने महत्वपूर्ण मुद्दे को निपटाये जाने को कुछ हद तक उचित ठहराया जा सकता है- वैधानिक तो यह फिर भी नहीं रहेगा। लेकिन यह सर्वविदित है कि काँग्रेस के वामपन्थी धड़े का, जो कि खासा प्रभावशाली है, वर्किंग कमेटी में बिलकुल ही प्रतिनिधित्व नहीं है। और कोई भी इसे साबित नहीं कर सकता है कि इस वक्त देश में आपात्कालीन स्थिति है, जिस कारण वर्किंग कमेटी को ऑल इण्डिया काँग्रेस कमेटी तथा काँग्रेस के कार्यकर्ताओं-पदाधिकारियों के पीठ पीछे इतना महत्वपूर्ण निर्णय लेना पड़ रहा है। मैं समझ सकता हूँ कि ब्रिटिश सरकार ने अपना मतलब निकालने के लिए मामले को बड़ी चतुराई से ऑल इण्डिया काँग्रेस कमेटी या काँग्रेस के अधिवेशन के सामने रखने के बजाय सिर्फ वर्किंग कमेटी के सामने रखा है। मगर मैं यह नहीं समझ पा रहा हूँ कि वर्किंग कमेटी के सदस्यगण लॉर्ड वावेल द्वारा बिछाये गये इस फन्दे को स्पष्ट रूप से देखते हुए भी इसमें भला क्यों फँसना चाहते हैं। काँग्रेस के संविधान के प्रावधान के अनुसार वर्किंग कमेटी मात्र एक कार्यकारी निकाय है, न कि विधायी- इस तथ्य के अलावा अगर विशुद्ध नैतिकता की बात की जाय, तो वर्किंग कमेटी के लिए यह गलत एवं अशोभनीय है कि वह एक ऐसे मामले को निपटाये, जो आने वाले दशकों तक सारी काँग्रेस तथा सारे भारत के भविष्य को प्रभावित करने वाला है। हालाँकि देर हो चुकी है, फिर भी, मैं ईमानदारी एवं विनम्रता के साथ महात्मा गाँधी से अपील करता हूँ कि काँग्रेस के पीठ पीछे कोई फैसला न लिया जाय। मैं यह अपील खास तौर पर इसलिए कर रहा हूँ कि लॉर्ड वावेल का प्रस्ताव स्वीकार करके हम जितना आगे बढ़ चुके हैं, उससे पीछे हट जायेंगे, काँग्रेस के आधारभूत सिद्धान्तों एवं प्रस्तावों को शून्य कर देंगे और एक लम्बे समय से काँग्रेस द्वारा किये गये कार्यों एवं दिये गये बलिदानों को व्यर्थ कर देंगे।

अब मैं इस पर कुछ कहना चाहूँगा कि लॉर्ड वावेल के प्रस्ताव को स्वीकार कर लेने प्रभाव क्या होगा। सबसे पहले तो- भारतीय राष्ट्रीय काँग्रेस का उद्देश्य है सम्पूर्ण आजादी, जबकि लॉर्ड वावेल के प्रस्ताव में बड़ी चालाकी से आजादी शब्द के प्रयोग से भी बचा गया है। दूसरी बात, 1938-39 में काँग्रेस ने ब्रिटेन के साम्राज्यवादी युद्ध में भाग लेने से इन्कार कर दिया था और अपनी युद्ध-विरोधी

नीति के कारण काँग्रेस को काफी नुकसान उठाना पड़ा था। लेकिन वॉवेल के प्रस्ताव का मूलभूत आधार ही यह है कि जो कोई भी प्रस्ताव को स्वीकार करेगा उसे ब्रिटेन के सुदूर-पूर्व के युद्ध में भाग लेने के लिए तहे-दिल से शपथ लेनी होगी, और इस युद्ध को किसी भी नजरिये से भारत की सुरक्षा का युद्ध नहीं कहा जा सकता। तीसरी बात, प्रस्ताव को स्वीकार करने का अर्थ होगा। 1942 के 'भारत छोड़ो' प्रस्ताव से मुँह मोड़ना। प्रस्ताव को स्वीकार करने के बाद काँग्रेस को अपने नारों 'आजादी या मौत' और 'करो या मरो' का त्याग करना होगा लॉर्ड वावेल के प्रस्ताव में निहित विचारों को अभिव्यक्ति देने वाले नारों को गढ़ना होगा।

मैं अब यह जानना चाहूँगा कि अगर काँग्रेस अपने आधारभूत सिद्धान्तों एवं प्रस्तावों का त्याग करते हुए वर्तमान प्रस्ताव को स्वीकार करती है, तो वह कैसे खुद को भारतीय संघों के उदार महासंघ के रूप में स्थापित करेगी। जैसा कि मैंने अपने पिछले सम्बोधन में कहा था, सामान्य परिस्थितियों में कोई भी काँग्रेसी लॉर्ड वावेल के प्रस्ताव की ओर झाँकने भी नहीं जाता, इस पर ध्यान देना तो दूर की बात है। आज काँग्रेस के कुछ नेताओं में समझौता करने का जो रवैया दिख रहा है, उसकी एक ही मनोवैज्ञानिक व्याख्या हो सकती है कि वे शायद यह महसूस करने लगे हैं कि ऐंग्लो-अमेरिकी शक्तियाँ युद्ध जीतने जा रही हैं और हमारी आजादी की कोई उम्मीद नहीं है। परिस्थिति की यह अवधारणा पूरी तरह से गलत है। यूरोप और बर्मा में ऐंग्लो-अमेरिकन शक्तियों की हालेया सफलताओं के बावजूद भारत का मुद्दा अन्तर्राष्ट्रीय मामलों में एक जीवन्त मुद्दा बन गया है। पूर्वी एशिया में युद्ध की अन्तिम परिणति चाहे जो भी हो, ऐंग्लो-अमेरिकीयों तक को यह स्वीकार करना पड़ेगा कि पूर्वी एशिया का भावी अभियान बहुत लम्बा और भीषण होने वाला है और जापान एक-एक इंच जमीन के लिए युद्ध करने वाला है। बर्मा में भी- हमारी हालिया पराजयों के बावजूद- देश के विभिन्न हिस्सों के कई सेक्टरों में भीषण संघर्ष जारी है। जहाँ जापान अपनी पूरी ताकत, दृढ़ता और साहस से संघर्ष करेगा, जिसके लिए कि वह जाना जाता है, वहीं भारतीय भी पूर्वी एशिया में ब्रिटिश और उसके सहयोगियों के खिलाफ संघर्ष जारी रखेंगे। बर्मा में हाल में हुए नुकसानों के बावजूद आजाद हिन्द फौज का मुख्य हिस्सा चाक-चौबन्द है और आजाद हिन्द फौज अपने आखिरी व्यक्ति तथा आखिरी गोली तक लड़ेगी।

अगर घर में भारतीय ब्रिटिश साम्राज्य के प्रति अपने प्रतिरोध का त्याग नहीं करते हैं तो युद्ध समाप्त होते-होते भारत की आजादी को कोई रोक नहीं सकता।

भारत के अन्दर प्रतिरोध, पूर्वी एशिया में सशस्त्र संघर्ष और अन्तर्राष्ट्रीय क्षेत्र में एक यथार्थवादी नीति- इन तीनों के संयोजन से, जब तक युद्ध समाप्त होता है, तब तक भारत को एक स्वतंत्र देश के रूप में उभरना ही है। लेकिन, अपनी स्वतंत्रता प्राप्त करने के लिए अँग्रेजों के खिलाफ आन्तरिक संघर्ष जारी रखने की हमें गारण्टी देनी होगी। मैं इस स्थिति में हूँ कि पूर्वी एशिया में सशस्त्र संघर्ष जारी रखने की मैं गारण्टी दे सकता हूँ। मैं यह भी आश्वासन दे सकता हूँ कि अगर भारत के अन्दर ब्रिटिश साम्राज्य के खिलाफ प्रतिरोध जारी रहता है, तो भारत एक अन्तर्राष्ट्रीय मुद्दा बना रहेगा और अन्तर्राष्ट्रीय क्षेत्र की कूटनीति हमारे उद्देश्य की प्राप्ति में पर्याप्त मददगार साबित होगी। वर्तमान में, भारत के अन्दर की समस्याओं से ब्रिटिश ज्यादा चिन्तित नहीं है, लेकिन उन्हें दो बातों का डर सता रहा है। उन्हें डर है कि अगर भारत के अन्दर नैतिक प्रतिरोध जारी रहता है तो भारत एक अन्तर्राष्ट्रीय मुद्दा बना रहेगा। उन्हें यह भी डर है कि अगर अँग्रेजों के प्रति भारतीयों का व्यवहार शत्रुतापूर्ण बना रहा, तो सुदूर-पूर्व के अपने भावी अभियान के लिए भारत से मानव शक्ति एवं संसाधन जुटाना उनके लिए असम्भव हो जायेगा। अँग्रेज जानते हैं कि बड़े परिमाण में भारत की मदद-खासकर, भारत की मानव शक्ति की मदद, के बिना वे सुदूर-पूर्व का युद्ध नहीं जीत सकते। लॉर्ड वावेल का प्रस्ताव एक तीर से दो शिकार की गणना पर आधारित है- पहला, ब्रिटेन के साम्राज्यवादी युद्ध में भारतीय तन-मन-धन से शामिल हों, यह सुनिश्चित करने के लिए एक चारे के रूप में यह प्रस्ताव लाया गया है। दूसरा, यह प्रस्ताव भारत के मुद्दे को ब्रिटिश साम्राज्य के एक आन्तरिक मुद्दे में परिवर्तित कर देगा और इस प्रकार, सोवियत रशिया सहित यूनाइटेड नेशन्स से मिलने वाली मदद को समाप्त कर देगा।

इस सम्बन्ध में मैं 19 तारीख वाले अपने बयान को दुहराना चाहूँगा। उस बयान में मैंने बहुत ही विश्वसनीय सूत्र से प्राप्त इस सूचना को प्रकट किया था कि लॉर्ड वावेल के इस भयावह प्रस्ताव का आधार और मूल है- ब्रिटिश सरकार की यह माँग कि पूर्वी एशिया में बर्मा से आगे के क्षेत्रों तथा प्रशान्त क्षेत्र में लड़े जाने वाले भावी युद्ध के लिए भारत पाँच लाख सैनिक दे। अगर भारतीय लोगों की मदद के बिना ही ब्रिटिश सरकार को इतनी मदद मिल गयी होती, तो वावेल के इस प्रस्ताव का जन्म ही नहीं हुआ होता। लेकिन भारतीय ब्रिटिश सेना, ब्रिटिश सेना की तरह ही युद्ध से थकी-हारी हुई है और ब्रिटिश सरकार तथा लॉर्ड वावेल को लगता है कि इतने बड़े परिमाण में सैन्य-सहायता पाने के लिए भारत में जन-सहानुभूति एवं समर्थन हासिल करना जरूरी है।

इससे पहले कि कार्य समिति के सदस्यगण लॉर्ड वावेल के प्रस्ताव को स्वीकार करें, उन्हें सुदूर-पूर्व में ब्रिटेन के साम्राज्यवादी युद्ध में आधे मिलियन भारतीयों की बलि देने के लिए तैयार होना होगा। मैं कल्पना कर सकता हूँ कि काँग्रेस क्या खोने वाली है, अगर वह लॉर्ड वावेल के प्रस्ताव को स्वीकार करती है। नतीजतन, प्रस्ताव को स्वीकार करने का फैसला लेने से पहले कार्यसमिति के सदस्यों को सावधानीपूर्वक यह हिसाब लगाना होगा कि वे इससे क्या हासिल करने वाले हैं, और जो वे हासिल करने वाले हैं, क्या वह उसकी भरपाई करने के लिए पर्याप्त होगी, जो हम खोने वाले हैं। जाहिर है कि जो हम पाने वाले वाले हैं, वह अगर खोने के मुकाबले बहुत कम है, तो हमें इस प्रस्ताव को खारिज कर देना चाहिए, जैसा कि 1942 में सर स्ट्राफोर्ड क्रिप्स के प्रस्ताव को खारिज किया गया था। ऐसे काँग्रेसी भी हो सकते हैं, जो यह सोचते हैं कि आज जो हम करने जा रहे हैं, उसे आगे चलकर भी करना ही पड़ेगा। यह दृष्टिकोण गलत है। मैंने अपनी पिछली वार्ता में कहा है कि अगर बुरी से भी बुरी स्थिति पैदा होती है और भारत वर्तमान युद्ध के दौरान आजादी प्राप्त नहीं कर पाता है तो जैसे ही युद्ध समाप्त होगा, हमें तुरन्त दूसरा अवसर मिलेगा।

22 जून, 1945/वावेल प्रस्ताव पर कुछ विचार/सिंगापुर से प्रसारण

"भारत में मेरी बहनो और भाइयो! भारत से पहुँचने वाली नवीनतम खबर यह है कि काँग्रेस वर्किंग कमेटी ने बीती रात शिमला कॉन्फ्रेन्स में भाग लेने के लॉर्ड वावेल के आमंत्रण को स्वीकार कर लिया है। जो लोग आज के काँग्रेस की प्रवृत्ति से परिचित हैं, उन्हें इस खबर पर कोई आश्चर्य नहीं हुआ होगा। एसोशियेटेड प्रेस ऑव इण्डिया के राजनीतिक संवाददाता ने काँग्रेस वर्किंग कमेटी की राय का उल्लेख करते हुए निम्न रिपोर्ट तैयार की है–"वायसराय के प्रस्ताव पर काँग्रेस के नेताओं की राय ने उन्हें तीन गुटों में बाँट दिया है। पहले गुट के नेता श्री गाँधी और वल्लभभाई हैं, जिन्होंने वायसराय के प्रस्ताव में 'हिन्दू जाति' शब्द के उपयोग पर क़ड़ी आपत्ति दर्ज की है। मध्यमार्गी गुट का नेतृत्व नेहरू और मौलाना आजाद कर रहे हैं, जो हस्तांतरित की जाने वाली शक्ति की मात्रा से संतुष्ट नहीं हैं और इस योजना को अन्तरिम उपाय के रूप में आजमाकर देखने का विचार रखते हैं, बशर्ते कि इसके अन्दर राष्ट्रीय आजादी तथा गरीबों के उत्थान की भारत की माँगों को आगे बढ़ाने की पर्याप्त सम्भावनायें मौजूद रहें। श्री राजगोपालाचारी और श्री भूलाभाई देसाई के नेतृत्व में तीसरा गुट यह महसूस करता है कि शिमला कॉन्फ्रेन्स के नियम

एवं शर्तें इतनी विस्तृत एवं लचीली हैं कि काँग्रेस के सभी भय निराधार हैं। उन्होंने सलाह दी है कि बिना कोई छिद्रान्वेषण किये काँग्रेस को इस प्रस्ताव को स्वीकार कर लेना चाहिए। इसे आजमाकर देखना चाहिए और इस प्रकार यह प्रदर्शित करना चाहिए कि वह अपने कार्य के प्रति प्रतिबद्ध है।"

"इतनी दूरी से मैं यह फैसला नहीं कर सकता कि एसोसियेटेड प्रेस के राजनीतिक संवाददाता का विश्लेषण सही है या नहीं, मगर यह अगर सही है, तो मुझे आश्चर्य भी नहीं। सच तो यह है कि यह विश्लेषण मेरे उस आकलन को ही सही ठहराता है, जिसे मैंने कल वर्तमान काँग्रेस वर्किंग कमेटी के राजनीतिक चरित्र के बारे में व्यक्त किया था। ऐसा लगता है कि रेडिकल डेमोक्रेटिक पार्टी ने शिमला कॉन्फ्रेन्स की इस आधार पर भर्त्सना की है कि इस कॉन्फ्रेन्स में लेबर प्रतिनिधियों को आमंत्रित नहीं किया गया है। जैसा कि एसोशियेटेड प्रेस ऑव इण्डिया के राजनीतिक संवाददाता के विश्लेषण से पता चलता है, इस मामले पर रेडिकल डेमोक्रेटिक पार्टी के इस मत का काँग्रेस वर्किंग कमेटी के किसी भी सदस्य ने समर्थन नहीं किया है। इसके पीछे तर्क यही नजर आ रहा है कि शिमला कॉन्फ्रेन्स के आमंत्रण को स्वीकार कर लेने भर से वर्किंग कमेटी इसके प्रति प्रतिबद्ध नहीं हो जायेगी। मगर, इस तर्क को गम्भीरता से नहीं लिया जा सकता, क्योंकि यह प्रस्ताव किस प्रकार का है और इसे स्वीकार करने के क्या नतीजे होंगे- यह स्पष्ट है। जो कोई भी इस कॉन्फ्रेन्स में शामिल होगा, उसे पूर्वी एशिया के भावी युद्ध-अभियानों में दिलो-जान से शामिल होने की नीति को स्वीकार करना होगा और चूँकि युद्ध में भागीदारी के प्रश्न पर ही काँग्रेसी मंत्रियों ने 1939 में इस्तीफा दिया था, इसलिए काँग्रेस को इस नीति का परित्याग करना ही होगा। इतना ही नहीं, इस कॉन्फ्रेन्स में भाग लेने वालों को एक्जीक्यूटिव काउन्सिल के अन्दर वायसराय और गवर्नर-जेनरल की सांवैधानिक स्थिति को स्वीकार करना होगा और जिम्मेदार मंत्रियों के बजाय मात्र सलाहकार की अपमानजनक भूमिका को स्वीकार करना होगा। लॉर्ड वावेल ने इसमें कोई गोपनीयता नहीं बरती है, बल्कि वास्तव में, उन्होंने साफ-साफ जता दिया है कि वे ही हैं, जो कार्यकारी परिषद के सदस्यों को चुनेंगे। अतः कार्यकारी परिषद के सदस्य उन्हीं के प्रति उत्तरदायी होंगे, न कि विधायिका के प्रति और कार्यकारी परिषद में सामूहिक उत्तरदायित्व या बहुमत के शासन का तो कोई सवाल ही नहीं उठता। परिणामस्वरूप, शिमला कॉन्फ्रेन्स में भाग लेने वाले सभी लोगों को आजादी की माँग का परित्याग करना होगा। उन्हें केन्द्र में विधायिका के प्रति उत्तरदायी एक राष्ट्रीय सरकार की

सामान्य माँग को भी त्यागना होगा और 1935 के अधिनियम के ढाँचे के भीतर काम करने वाली कार्यकारी-परिषद के भारतीयकरण से ही संतुष्ट होना होगा। बहरहाल, इसमें किसी तरह का कोई शक नहीं है कि शिमला कॉन्फ्रेन्स के आमंत्रण को स्वीकार करने का मतलब है कॉंग्रेस के आधारभूत सिद्धान्तों एवं नीतियों का परित्याग करना और 'भारत छोड़ो' प्रस्ताव का परित्याग करना, जिसके लिए हमारे बहुत-से भाई एवं साथी अभी तक जेलों में सड़ रहे हैं। इसके अलावा, यह वाकई दुर्भाग्यपूर्ण तथा कष्टदायक है कि कॉंग्रेस वर्किंग कमेटी के एक भी सदस्य ने ब्रिटिश सरकार से समझौता करने से पहले राजनीतिक बन्दियों की रिहाई की माँग नहीं उठाई है, जबकि उनमें से बहुतों ने लॉर्ड वावेल के प्रस्ताव के कुछ बिन्दुओं पर बाकायदे बयान जारी कर दिये हैं।

"मैंने कल के अपने सम्बोधन में कहा था कि वर्किंग कमेटी एक कार्यकारी निकाय है और सांवैधानिक रूप से इसे इतनी शक्ति प्राप्त नहीं है कि यह लाखों-करोड़ों लोगों की नियति का फैसला करे और देश को उस रास्ते पर ले जाये, जो कॉंग्रेस के आधारभूत सिद्धान्तों एवं नीतियों के खिलाफ है। चूँकि वर्किंग कमेटी कॉंग्रेस के अन्दर के सभी धड़ों का प्रतिनिधित्व नहीं करती है और चूँकि इस मुद्दे पर देश के अन्दर सहमति नहीं है, अतः वर्किंग कमेटी के पास इसका कोई नैतिक-वैधानिक की तो बात ही मत कीजिये- औचित्य नहीं है कि वह ऑल इण्डिया कॉंग्रेस कमेटी तथा समूची कॉंग्रेस के पीठ पीछे ऐसे महत्वपूर्ण मुद्दे पर विचार-विमर्श करे। वर्किंग कमेटी के लिए इसका भी कोई औचित्य नहीं है कि वह अपनी जिम्मेवारी पर शिमला कॉन्फ्रेन्स के आमंत्रण को स्वीकार करेय खासकर तब, जबकि यह सारा प्रस्ताव ही कॉंग्रेस के आधारभूत सिद्धान्त एवं नीति के खिलाफ है।

"मैं महात्मा गाँधी तथा वर्किंग कमेटी से विनम्रतापूर्वक प्रार्थना करता हूँ कि इन अन्तिम क्षणों में भी वे थोड़ा ठहरें और उस महती जिम्मेवारी पर विचार करके देखें, जिसे वे लोग इस नाजुक घड़ी में ऑल इण्डिया कॉंग्रेस कमेटी तथा समूची कॉंग्रेस को नजरअन्दाज करते हुए उठाने जा रहे हैं। मुझे समझ में नहीं आ रहा है कि कॉंग्रेस वर्किंग कमेटी को ऐसे अनुचित तरीके से व्यवहार करने की जरूरत क्या है! ठीक है, लॉर्ड वावेल तथा ब्रिटिश सरकार हड़बड़ी में है–यह मैं समझ सकता हूँ। वे तीन उद्देश्य के तहत कार्य कर रहे हैं–पहला, लॉर्ड वावेल तथा ब्रिटिश सरकार जानती है कि हाल ही में ऐंग्लो-अमेरिकन शक्तियों को मिली सफलता का इस वक्त भारत के लोगों को अहसास है और अब भारतीयों को लगने लगा है कि इस युद्ध में ऐंग्लो-अमेरिकन की जीत तय है। लॉर्ड वावेल तथा ब्रिटिश

सरकार इस मनोवैज्ञानिक स्थिति का फायदा उठाना चाहती है और गरम लोहे पर हथौड़ा चला देना चाहती है। उन्हें डर है कि कुछ महीनों के बाद सारी दुनिया को यह अहसास हो जायेगा कि जर्मनी के पतन के बावजूद जापान को उखाड़ फेंकना इतना आसान काम नहीं है। दूसरा, लॉर्ड वावेल तथा ब्रिटिश सरकार को किसी भी तरह से इन नेताओं को धोखा देकर सुदूर-पूर्व में ब्रिटेन के भावी साम्राज्यवादी युद्ध में झोंकने के लिए कम-से-कम 5,00,000 भारतीय सैनिकों तथा भारी मात्रा में युद्धक साजो-सामान की आपूर्ति सुनिश्चित करनी है। तीसरा, लॉर्ड वावेल तथा ब्रिटिश सरकार को भारतीय नेताओं के साथ किसी-न-किसी समझौते पर 5 जुलाई से पहले पहुँचना ही है, जिस दिन कि ब्रिटेन में आम चुनाव की शुरुआत होने जा रही है। ये तीनों उद्देश्य लॉर्ड वावेल तथा ब्रिटिश सरकार की जल्दीबाजी को जाहिर करने के लिए पर्याप्त हैं। लेकिन इसके पीछे कोई तुक नजर नहीं आता कि काँग्रेस वर्किंग कमेटी इस फन्दे में क्यों फँसे! इस सम्बन्ध में मैं एक बात को दुहराना चाहूँगा, जिसे पहले मैं कह चुका हूँ कि आखिर क्यों लॉर्ड वावेल 5 जुलाई से पहले भारतीय नेताओं के साथ एक समझौते पर पहुँचने के लिए आकाश-पाताल एक किये हुए हैं।

"हालाँकि लेबर पार्टी लॉर्ड वावेल के प्रस्ताव की शर्तों से सहमत है, फिर भी, इस प्रस्ताव को पार लगाने की जिम्मेवारी कंजर्वेटिव पार्टी पर है, जिसका वर्तमान सरकार में बहुमत है। अतः अगर लॉर्ड वावेल भारतीय नेताओं के साथ एक समझौते पर पहुँचने में सफल हो जाते हैं, तो यह कंजर्वेटिव पार्टी के लिए एक उपलब्धि होगी, जिससे चुनाव में उसके उम्मीदवारों को ज्यादा वोट मिल सकते हैं और इस प्रकार, इस पार्टी को वापस सत्ता में लौटने में मदद मिल सकती है। अगर लॉर्ड वावेल की सफलता के बावजूद कंजर्वेटिव पार्टी बहुमत हासिल करने में विफल रह जाती है और लेबर पार्टी सत्ता में लौटती है, तो कंजर्वेटिव पार्टी भारत के मामले को लेबर कैबिनेट द्वारा फिर से खोले जाने पर कम-से-कम रोक तो लगा ही सकती है। दूसरी तरफ, अगर लॉर्ड वावेल असफल हो जाते हैं- उनकी असफलता का मतलब है कंजर्वेटिव पार्टी की असफलता, तो इससे चुनाव में लेबर पार्टी को मदद मिलेगी। तब लेबर कैबिनेट को भारत के मुद्दे को फिर से हाथ में लेना ही होगा, क्योंकि विदेशी-मामलों के क्षेत्र में कंजर्वेटिव जिसे नहीं कर सके, उसे पूरा करके लेबर कैबिनेट को खुद को साबित करना होगा और अगर, शिमला कॉन्फ्रेन्स की असफलता के बावजूद कंजर्वेटिव पार्टी सत्ता में लौटती है तो फिर, भारतीय मुद्दे को फिर से खोलने के लिए तो वह बाध्य होगी। अगर कंजर्वेटिव

पार्टी सत्ता में लौटती है और भारत में गतिरोध जारी रहता है, तो भारत का मुद्दा एक अन्तर्राष्ट्रीय मुद्दा बना रहेगा और यह मुद्दा अगले कुछ दिनों में होने वाले तीन बड़े सम्मेलनों सहित सभी अन्तर्राष्ट्रीय सम्मेलनों में उठाया जायेगा।

"अब मैं यह चाहूँगा कि मेरे देशवासी इस बात को अच्छी तरह समझ लें कि किसी अन्तर्राष्ट्रीय सम्मेलन में भारत के मुद्दे को उठने से रोकने के लिए कंजर्वेटिव पार्टी हर सम्भव कोशिश करेगी। कुल-मिलाकर, इसमें कोई सन्देह नहीं है कि अगर हम लॉर्ड वावेल के प्रस्ताव को ठुकरा देते हैं- मुझे उम्मीद है कि ऐसा ही होगा- तो आम चुनाव के बाद हमारे पास ब्रिटिश सरकार से सौदेबाजी का एक दूसरा मौका होगा, कोई फर्क नहीं पड़ता कि 5 जुलाई को कौन-सी पार्टी बहुमत हासिल करती है। अभी ब्रिटिश सरकार को सुदूर-पूर्व में एक लम्बी तथा तीखी लड़ाई लड़नी है- यह तथ्य एक अतिरिक्त गारण्टी है कि ब्रिटेन भारत क रिझाने की कोशिश करेगा ही करेगा।

"आगे बढ़ने से पहले मैं स्पष्ट कर दूँ कि सौदेबाजी का कोई सवाल ही नहीं उठता- अंग्रेजों को बस भारत छोड़कर जाना है। मगर चूँकि घर में बहुत-से ऐसे भारतीय मौजूद हैं, जो ब्रिटिश साम्राज्यवाद के साथ एक समझौते पर पहुँचने की सोच रहे हैं, अतः उन्हें यह पता होना चाहिए कि कब और कैसे सौदेबाजी करनी है। इस विन्दु पर, मैं पूरी तरह आश्वस्त हूँ कि सौदेबाजी के लिए सबसे उपयुक्त समय है– 5 जुलाई के बाद और हालाँकि उम्मीद कम ही है कि लेबर पार्टी भारत की आजादी को मान्यता देगी, फिर भी, उसी पार्टी के साथ सौदेबाजी करना बेहतर होगा। लार्ड वावेल के प्रस्ताव के मद्दे-नजर ब्रिटिश सरकार के साथ समझौते को दो ही स्थिति में उचित ठहराया जा सकता है–पहली, आजादी मिलने की कोई उम्मीद रह ही न गयी हो, दूसरी, ब्रिटिश सरकार के साथ समझौता करने का यह आखिरी मौका हो। पहली स्थिति के मामले में, मुझे यह कहना है कि हाल ही में ऐंग्लो-अमेरिकन को मिली सफलताओं के बावजूद, भारत के पास आजादी हासिल करने की पहले के मुकाबले बेहतर सम्भावनायें मौजूद हैं। दूसरी स्थिति के मामले में, मैं फिर से कहना चाहूँगा कि ब्रिटेन में चाहे किसी भी पार्टी की सरकार बने, भारत को ब्रिटिश सरकार के साथ सौदेबाजी के लिए एक दूसरा मौका, वह भी बेहतर मौका मिलेगा- 5 जुलाई के बाद।

"मेरे विचार से, तीन कारक ऐसे हैं, जिनके तत्काल प्रभाव इस युद्ध के अन्त तक भारत को अपनी आजादी हासिल करने में मदद करेंगे। वे हैं–(1) भारत के अन्दर ब्रिटिश साम्राज्यवाद का प्रतिरोध (2) भारत के बाहर ब्रिटिश के साथ सशस्त्र

संघर्ष और (3) अन्तर्राष्ट्रीय रंगमंच पर कूटनीति। भारत के अन्दर 'नैतिक' प्रतिरोध भी काफी रहेगा। भारत को हर हाल में 'अन्तर्राष्ट्रीय मुद्दा' बना रहना चाहिए और अन्तर्राष्ट्रीय स्तर पर भारत की आजादी के लिए लामबन्दी की दिशा में हमारी कूटनीति जारी रहनी चाहिए। भारत को उन देशों की मदद-नैतिक या सामग्री के रूप में जरुर लेनी चाहिए, जो ब्रिटेन के खिलाफ संघर्षरत हैं, यानी जो ब्रिटेन के शत्रु हैं। जहाँ तक सशस्त्र संघर्ष की बात है, बर्मा में हाल में मिली पराजयों के बावजूद, आजाद हिन्द फौज की मुख्य सेना इस संघर्ष से पीछे हटने वाली नहीं है। हम लड़ाई जारी रखेंगे और हम आखिरी आदमी तक और आखिरी गोली तक लड़ेंगे। हम पूर्वी एशिया में रहते हुए युद्ध की स्थितियों का बेहतर आकलन कर सकते हैं, बनिस्पत घर में हमारे देशवासियों के, जो कि ब्रिटिश प्रोपागण्डा द्वारा आसानी से दिग्भ्रमित किये जा रहे हैं और ऐंग्लो-अमेरिकन शक्तियों की ताकत के बारे में बढ़ा-चढ़ाकर पेश की गयी तस्वीर पर विश्वास करने लगे हैं। अगर घर में हमारे देशवासी हमारी बात पर विश्वास करते हैं, तो उन्हें युद्ध की स्थिति के बारे में हमारे आकलन को स्वीकार करना चाहिए और इस हिसाब से काँग्रेस को अपनी नीति बदल लेनी चाहिए।

"जो काँग्रेसी लॉर्ड वावेल के प्रस्ताव को स्वीकार करने की सोच रही है, उन्हें जरा आगे देखना चाहिए और खुद को उस दिन के लिए तैयार करना चाहिए, जब उन्हें पूर्वी एशिया में ब्रिटेन के साम्राज्यवादी युद्ध में बलि का बकरा बनाने के लिए पाँच लाख भारतीय सैनिकों की व्यवस्था करनी होगी और उन्हें आजाद हिन्द फौज के अपने ही भाई-बन्धुओं के साथ युद्ध करने के लिए भी खुद को तैयार करना चाहिए, जो ब्रिटिश से लड़ने के लिए सदैव तत्पर हैं, जहाँ कहीं भी वे मिलें। अगर इन काँग्रेसियों को आजाद हिन्द फौज के अपने ही भाई-बहनों के खिलाफ हथियार उठाने में शर्म नहीं आती, तो कम-से-कम उन्हें ब्रिटिश साम्राज्य के स्थायित्व के लिए पाँच लाख भारतीयों की बलि देने से तो इन्कार कर ही देना चाहिए। जिन्हें इस बात पर सन्देह है कि इस युद्ध के अन्त तक भारत आजादी हासिल कर सकता है, उन्हें मैं बताना चाहूँगा कि आजादी के लिए संघर्ष करने का ऐसा मौका दुबारा नहीं मिलने वाला है। धुरी राष्ट्रों के सम्पूर्ण विजय के साथ जैसे ही युद्ध समाप्त होगा, जो कि होना ही है, भारत आजाद होगा और नयी विश्व व्यवस्था में समुचित स्थान ग्रहण करेगा, जिसके तहत एशिया से ऐंग्लो-अमेरिकन दबदबे को हटा दिया जायेगा और अगर जापान हार जाता है, तो भारत के पास ब्रिटेन से सौदा करने का एक दूसरा मौका होगा। लेकिन, ब्रिटेन के साम्राज्यवादी युद्ध

में हमारे नौजवानों के कत्ले-आम तथा भौतिक संसाधनों की बर्बादी के लिए राजी होना एक राजनीतिक मूर्खता होगी। इसलिए, मेरी आपसे यह अपील है कि वावेल प्रस्ताव को अस्वीकार करें और इस युद्ध के अन्त तक अपना संघर्ष जारी रखें और उसके बाद परिस्थितियों के हिसाब से अपनी अगली कार्रवाई निर्धारित करें। मैं बड़ी उम्मीद के साथ काँग्रेसी नेताओं से अपील करता हूँ कि समझौता करने के लिए वे ज्यादा व्यग्र न हों।"

वावेल प्रस्ताव को अस्वीकार करो–23 जून 1945–आजाद हिंद की अस्थायी सरकार, सिंगापुर रेडियो से प्रसारण

"भारत में मेरी बहनों और भाइयों! कल मैंने आपसे कहा था कि किसी भी दशा में 'काँग्रेस वर्किंग कमेटी' को 'ऑल इण्डिया काँग्रेस कमेटी' या 'काँग्रेस' की ओर से फैसले नहीं लेने चाहिए। वर्किंग कमेटी एक विशिष्ट निकाय है। इसके द्वारा महत्वपूर्ण फैसले करना इसकी शक्तियों का उल्लंघन है, काँग्रेस के संविधान के अनुसार गलत है और नैतिक रूप से अनुचित है। इसी में मुझे जोड़ना चाहिए था-वर्किंग कमेटी द्वारा ऐसा करना न तो बुद्धिमानी है, न ही राजनीतिक। बाहर से एक पर्यवेक्षक के नजरिये से देखने पर लगता है कि वर्किंग कमेटी एक अशोभनीय जल्दीबाजी का प्रदर्शन कर रही है। मैं यह कहने के लिए मजबूर हूँ कि महात्मा गाँधी तथा वर्किंग कमेटी के मुकाबले श्री जिन्ना ने बुद्धिमानी एवं सावधानी भरा कदम उठाया है। मेरे सामने जो रपट है, उसके अनुसार, उन्होंने घोषणा की है कि वे मुस्लिम लीग के प्रतिनिधियों को तब तक शिमला सम्मेलन में शामिल होने की सलाह नहीं दे सकते, जब तक कि 24 तारीख को लॉर्ड वावेल के साथ उनका साक्षात्कार नहीं हो जाता। अब श्री जिन्ना के दिल में मकसद चाहे जो हो, उन्होंने लॉर्ड वावेल द्वारा दिये गये प्रस्ताव को लपकने की हड़बड़ी नहीं दिखायी है। सम्मेलन को आगे बढ़ाने के लिए कहकर श्री जिन्ना ने एक और समझदारी एवं सावधानी भरा कदम उठाया है।

"मुझे लगता है कि काँग्रेस वर्किंग कमेटी ने भी शिमला सम्मेलन की तारीख को आगे बढ़ाने के लिए दवाब डाला होता, तो लॉर्ड वावेल मजबूर हो जाते। हालाँकि यह एक अच्छी बात है कि काँग्रेस वर्किंग कमेटी ने अन्तिम निर्णय लेने के लिए शिमला सम्मेलन से पहले तथा सम्मेलन के दौरान बैठकें आयोजित करने का फैसला लिया है। अगर वर्किंग कमेटी के कुछ सदस्य महात्मा गाँधी और अन्यान्य प्रतिनिधियों को जरूरी सलाह देने के उद्देश्य से पहले ही शिमला पहुँचकर वहाँ मौजूद

रहते, तो यह एक और नासमझी भरा कदम होता। अगर ऐसा किया गया होता, तो इससे यही जाहिर होता कि वर्किंग कमेटी लॉर्ड वावेल के प्रस्ताव को हथियाने के लिए कुछ ज्यादा ही तत्पर है। अब जबकि थोड़ा-सा समय मिल गया है, मैं आशा करता हूँ कि काँग्रेस की ओर से अन्तिम फैसला लेने से पहले ऑल इण्डिया काँग्रेस कमेटी का एक सम्मेलन बुलाया जायेगा। सिर्फ वर्किंग कमेटी के फैसले पर लॉर्ड वावेल के प्रस्ताव को स्वीकार नहीं किया जाना चाहिए, क्योंकि ऑल इण्डिया काँग्रेस कमेटी के बहुत-से नेता अभी जेलों में बन्द हैं। अगर महात्मा गाँधी तथा वर्किंग कमेटी इस बात पर जोर डालते हैं, तो वायसराय को उन्हें रिहा करने का आदेश जारी करना पड़ेगा। अगर वायसराय ऑल इण्डिया काँग्रेस कमेटी के सदस्यों को रिहा करने से मना कर देते हैं, तो उनकी नेकनीयती पर प्रश्नचिह्न लग जाता है।

"लॉर्ड वावेल के प्रस्ताव पर विचार करने के लिए जब मैं ऑल इण्डिया काँग्रेस कमेटी बुलाने की माँग कर रहा हूँ, तो मेरा मतलब यह कतई नहीं है कि- वर्तमान में जिस ढंग से यह संस्था संगठित है, उस हिसाब से- यह संस्था हमारी राष्ट्रीय भावना की एकमात्र संरक्षक है! ऑल इण्डिया काँग्रेस कमेटी के जिन सदस्यों ने ब्रिटेन के साथ समझौता करने के वर्किंग कमेटी के फैसले विरोध किया है, उनके प्रति काँग्रेस की सर्वोच्च कार्यकारिणी ने हाल में जो व्यवहार किया है, उससे ऑल इण्डिया काँग्रेस कमेटी ने अपने 'प्रतिनिधि' वाले चरित्र को कुछ हद तक खो दिया है। जो दिग्गज ब्रिटिश साम्राज्यवाद के खिलाफ संघर्ष जारी रखना चाहते थे, उनके खिलाफ अनुशासनात्मक कार्रवाई करना काँग्रेस हाई कमान के लिए क्या हास्यास्पद तथा बदनामी भरा कदम नहीं था? जबकि दूसरी तरफ, सी. राजगोपालाचारी जैसे काँग्रेसियों को बिना दण्ड दिये छोड़ गया, जो जनता के बीच जाकर ब्रिटिश सरकार के साथ बिना शर्त सहयोग करने की नीति की लगातार वकालत किये जा रहे हैं! जिन भूलाभाई देसाई ने पिछले नागरिक अवज्ञा आन्दोलन में अपनी भूमिका नहीं निभाई, उन्हें सेण्ट्रल असेम्बली में काँग्रेस का नेता बनाना क्या अनुचित और मूर्खतापूर्ण नहीं था? खैर, इन बातों को रहने दिया जाय। ऑल इण्डिया काँग्रेस कमेटी में भी मतभेद हैं, फिर भी, अगर मैं यह चाहता हूँ कि वर्किंग कमेटी के स्थान पर ऑल इण्डिया काँग्रेस कमेटी इस महत्वपूर्ण मुद्दे पर फैसला ले तो ऐसा इसलिए है कि यह सांवैधानिक रूप से सही और उचित रहेगा। यह मुद्दा काँग्रेस के आधारभूत सिद्धान्तों एवं संकल्पों को प्रभावित करता है, खासतौर पर काँग्रेस के 'सम्पूर्ण आजादी' के उद्देश्य को, और अतः यह न्यायोचित होगा कि जनता के प्रत्यक्ष प्रतिनिधि इस पर फैसला लें।

"मैं पहले ही कह चुका हूँ कि अगर महात्मा गाँधी अतिरिक्त सावधानी नहीं बरतते हैं, तो वायसराय और श्री जिन्ना बड़ी चतुराई से उन्हें एक ऐसी स्थिति में डाल देंगे, जहाँ काँग्रेस को एक्जीक्यूटिव काउन्सिल में सिर्फ उन्हीं सीटों के लिए नामांकन दाखिल करना पड़ेगा, जिन्हें वायसराय ने 'हिन्दू जाति' के लिए आरक्षित रख छोड़ा है। दूसरे शब्दों में, इस बात का खतरा बहुत ज्यादा है कि महात्मा गाँधी को चतुराई से ऐसी स्थिति में डाल दिया जायेगा, जहाँ जल्दीबाजी में वे यह स्वीकार कर लेंगे कि 'काँग्रेस' शब्द 'हिन्दू जाति' का पर्यायवाची है। यह भारतीय राष्ट्रीय काँग्रेस की राजनीतिक मृत्यु होगी, जिससे उबर पाना काँग्रेस के लिए असम्भव होगा।

"इस खतरे को टाला जा सकता है, अगर शिमला सम्मेलन में काँग्रेस-प्रतिनिधिगण कमाण्डर-इन-चीफ को छोड़कर सभी सीटों के लिए नामों का एक पैनल सौंप दें। क्या काँग्रेस-प्रतिनिधि ऐसा करेंगे? मुझे खुशी है कि वर्किंग कमेटी इस दिशा में सोच रही है। मगर सोचना काफी नहीं है। काँग्रेस-प्रतिनिधियों को वायसराय पर एक्जीक्यूटिव काउन्सिल के गठन के लिए धार्मिक एवं साम्प्रदायिक आधार को त्यागने और इसके स्थान पर राजनीतिक एवं राष्ट्रीय आधार को अपनाने के लिए दवाब बनाना पड़ेगा। हमें अपने सामने खड़ी मुश्किलों को भूलना नहीं चाहिए। मेरा हमेशा से यह मानना रहा है कि शान्ति सम्मेलन या राजनीतिक गोलमेज सम्मेलनों में सिर्फ युद्धरत पक्षों को ही भाग लेने का अधिकार होता है। आज अगर दूरगामी बदलावों की सीढ़ी के रूप में अँग्रेज कार्यकारी परिषद के आंशिक भारतीयकरण के लिए राजी हुए हैं, तो ऐसा श्री जिन्ना या मुस्लिम लीग के कारण नहीं, बल्कि काँग्रेस के कारण हुआ है, जो अपनी सारी ताकत लगाकर ब्रिटिश सरकार के साथ संघर्ष करती आ रही है!

"1931 के गोलमेज सम्मेलन के समय मैंने स्पष्ट किया था कि सिर्फ काँग्रेस और काँग्रेस के साथ कन्धा मिलाकर संघर्ष करने वाले ही लन्दन में होने वाले इस सम्मेलन में भाग लेने के हकदार हैं। उस वक्त मैंने देशवासियों को याद दिलाया था कि जब ब्रिटिश प्रधानमंत्री मिस्टर लॉयड जॉर्ज ने आयरलैण्ड में सिन-फेन पार्टी को छकाते हुए राष्ट्रीय सम्मेलन में सभी आयरिश पार्टियों को आमंत्रित करना चाहा था, तब सिन-फेन पार्टी ने इस सम्मेलन में भाग लेने से मना कर दिया था, क्योंकि उनके अनुसार ऐसा सम्मेलन आयरलैण्ड का प्रतिनिधित्व नहीं करता। सिन-फेन पार्टी ने अपना संघर्ष जारी रखा और अन्ततः वह दिन आया, जब अँग्रेजों को सिर्फ सिन-फेन पार्टी के साथ गोलमेज सम्मेलन करने के लिए बाध्य होना पड़ा। हमारे

मामले में, हमें यह कभी नहीं भूलना चाहिए कि जिसने ब्रिटिश सरकार के साथ लड़ाई लड़ी है, सिर्फ उन्हें ही हक है ब्रिटिश प्रतिनिधियों के साथ गोलमेज सम्मेलन में भारत की ओर से बोलने तथा भारत का प्रतिनिधित्व करने का। आखिर मुस्लिम लीग का जो भी महत्व है, वह मोटे तौर पर इसलिए है कि उसे ब्रिटिश का समर्थन प्राप्त है। मुस्लिम लीग को बेवजह महत्व देकर काँग्रेस जमीयत-उल-उलेमा, मजलिस-ए-अहरार, खुदाई-खिदमतगार, आजाद मुस्लिम लीग, शिया कॉन्फ्रेन्स, प्रजा पार्टी, ऑल इण्डिया मोमिन पार्टी इत्यादि राष्ट्रवादी संगठनों के साथ और साथ ही, कौम की आजादी के लिए भारी बलिदान करने वाले भारतीय राष्ट्रीय काँग्रेस में मुस्लिमों के बड़े एवं प्रभावशाली तबके के साथ धोखा कर रही है।

"भारत से आनेवाली खबरों से ऐसा जाहिर होता है कि विभिन्न मंचों से लॉर्ड वावेल के प्रस्ताव का विरोध हो रहा है। दुर्भाग्यवश, यह विरोध संगठित नहीं हो पा रहा है। 1940 में ऐसा ही खतरा पैदा हुआ था, जब काँग्रेस ब्रिटिश साम्राज्यवाद के साथ समझौता करने की दिशा में अग्रसर हो रही थी, तब देश के सार्वजनिक जीवन के तमाम कट्टरपन्थी तत्वों को एकत्रित करते हुए हमने रामगढ़ में 'अखिल भारतीय समझौता-विरोधी सम्मेलन' बुलाया था। ऐसा ही एक सम्मेलन फिर होना चाहिए- वह भी बिना किसी देरी के! अभी अगर एक अखिल भारतीय वावेल-विरोधी सम्मेलन आयोजित हो जाता है, तो यह लॉर्ड वावेल के प्रस्ताव के विरोध में संघर्ष खड़ा करने, संगठित होने तथा एक साझा मंच तैयार करने की दिशा में काफी लाभदायक होगा। इस सम्मेलन के तहत किसी एक खास दिन देशभर में बैठकें की जानी चाहिए और लॉर्ड वावेल के प्रस्ताव के बारे में भारत की वास्तविक राय को व्यक्त करते हुए प्रस्ताव पारित किये जाने चाहिए। अगर 5 जुलाई को इंग्लैण्ड में आम चुनाव वाले दिन इस 'अखिल भारतीय वावेल-विरोधी दिवस' को मनाया जाता है, तो यह एक अच्छा विचार रहेगा।

"यहाँ पूर्वी एशिया में हम 4 जुलाई को एक उत्सव मनाने जा रहे हैं। सारी दुनिया में 4 जुलाई को अमेरीकी स्वतंत्रता दिवस के रूप में मनाया जाता है। पूर्वी एशिया में इसी दिन 'इण्डियन इण्डिपेण्डेन्स लीग' ने नयी रोशनी के साथ खुद को आत्मसात् किया था और अपने जीवन में नये चरण की शुरुआत की थी। सारे पूर्वी एशिया में जहाँ कहीं भी भारतीय हैं, 4 जुलाई को जनमत-सर्वेक्षण के रूप में मनाया जायेगा। हम पूर्वी एशिया के सभी भारतीयों को उस दिन लॉर्ड वावेल के प्रस्ताव पर अपनी राय देने के लिए अपील करेंगे और अगर वे प्रस्ताव को खारिज करते हैं, तो हम हर हाल में भारत की आजादी के लिए सशस्त्र संघर्ष को जारी रखने के अपने

निश्चय पर फिर से कायम हो जायेंगे, चाहे काँग्रेस वर्किंग कमेटी लॉर्ड वावेल के प्रस्ताव को स्वीकार ही क्यों न कर ले!

"घर में मेरी बहनों और भाईयों! आज के लिए बस इतना ही। सोमवार 25 तारीख को मैं भारत के क्रान्तिकारियों को विशेष रूप से सम्बोधित करना चाहूँगा कि अगर काँग्रेस वर्किंग कमेटी लॉर्ड वावेल के प्रस्ताव को स्वीकार कर लेती है, तो उन्हें क्या करना है। वायसराय आते रहेंगे और जाते रहेंगे, मगर भारत बना रहेगा और स्वतंत्रता के लिए भारत का संघर्ष अन्ततः सफल होकर रहेगा!

24 जून 1945-ब्रिटेन के साथ कोई समझौता नहीं- सिंगापुर से प्रसारण

(24 जून 1945 को सिंगापुर में भारतीयों की एक विशाल रैली में नेताजी द्वारा दिये गये भाषण का सारांश। इस सारांश को उसी रात स्वतंत्र भारत की अन्तरिम सरकार के रेडियो स्टेशन (सिंगापुर) से भारत के श्रोताओं के लिए प्रसारित किया गया था।)

"दोस्तों! लगभग छह महीनों के बाद आज मैं फिर आपके सामने खड़ा हूँ वर्तमान परिस्थितियों तथा भविष्य की योजनाओं पर चर्चा करने के लिए। मुझे अफसोस है कि मैं बर्मा से आपके लिए खुशखबरी नहीं ला सका। पिछले साल इम्फाल पर कब्जा करने में हमारी असफलता के बाद दुश्मन बर्मा में आगे बढ़ आया है। दुश्मन की मुख्य सेना को तो जापानी शाही सेना तथा भारतीय राष्ट्रीय सेना ने रोक रखा है, मगर टैंकों, बख्तरबन्द वाहनों इत्यादि के साथ उनकी मेकेनाइज्ड अग्रिम टुकड़ियाँ हमारी सुरक्षा पंक्ति को भेदने में कामयाब हो गयीं और हमारे मुख्यालय पर खरता मँडराने लगा था। हमें तय करना था कि दुश्मन की एडवाँस्ड मेकेनाइज्ड युनिटों को आक्रमण का न्यौता देते हुए हम अपना मुख्यालय वहीं बनाये रखें या किसी सुरक्षित स्थान पर चले आयें। आजाद हिन्द फौज के अपने साथियों को पीछे सीमा पर लड़ता हुआ छोड़कर रंगून के खतरे वाले क्षेत्र से बाहर आना हमारे लिए कोई आसान नहीं था। मगर अन्तरिम सरकार के मंत्रियों ने बहुत ही सोच-विचार कर यह फैसला लिया कि कुछ कारणों से हमें किसी सुरक्षित स्थान पर चले जाना चाहिए।

"रंगून से निकलने के बाद भी हम बर्मा में अपना मुख्यालय रख सकते थे, जैसा कि बर्मा सरकार- आदिपति डॉ. बाऑव की सरकार ने किया। मगर भारत के हितों को देखते हुए इसे भी उचित नहीं समझा गया। वर्तमान में स्थिति यह

है कि बर्मा के सभी हिस्सों में युद्ध चल रहा है—शान स्टेट्स, टोंगू एरिया, प्रोम के पास, अराकान में- सभी जगह। दुश्मन की मुख्य सेना को अब तक रोक कर रखा गया है। कोई नहीं कह सकता कि युद्ध कब तक चलेगा, कब तक दुश्मन बर्मा पर कब्जा कर लेगा। आजाद हिन्द फौज का संख्याबल हालाँकि जापानी सेना के मुकाबले कम है, फिर भी, आजाद हिन्द फौज के हमारे साथी बहुत ही कठिन परिस्थितियों में बहादूरीपूर्वक लड़ रहे हैं। हमारी मुख्य सेना बर्मा में युद्धरत हमारे साथियों के पास ही है, मगर हमें हमारा मुख्यालय वहाँ से हटाना पड़ा। सेना को मेजर जेनरल लोकनाथन की कमान में हाल ही में गठित बर्मा कमान के अधीन रखा गया है- लेफ्टिनेण्ट कर्नल अर्शद उनके चीफ ऑव स्टाफ हैं।

"अन्तरिम सरकार को अपना मुख्यालय बर्मा से हटाना पड़ा ताकि बर्मा के बाहर सेना को संगठित कर अन्य मोर्चों पर युद्ध को जारी रखा जा सके। अगर हम बर्मा के बाहर थोड़ी-सी सेना न रखें, तो हमारी सारी सम्भावनायें बर्मा के हमारे साथियों पर टिक जायेंगी और इसके बाद उत्पन्न किसी भी स्थिति में उन्हें अन्त तक लड़ना पड़ जायेगा। बर्मा से अपने मुख्यालय को हटाने के पीछे एक दूसरा कारण भी है। हमारे सामने यह साफ था कि हाल में मिली सैन्य सफलता के बाद दुश्मन अन्य मोर्चों पर नये सिरे से सैन्य एवं राजनीतिक हमले करेगा और हमारे लिए यह जरूरी था कि हम समय रहते तैयारी कर लें और जब हमला हो, तो इनका सामना कर सकें। हमारा दुर्भाग्य यह रहा कि बर्मा का संकट लगभग यूरोप के संकट के साथ ही आ गया। दुश्मन ने इसका पूरा फायदा उठाया और तुरन्त भारत में एक राजनैतिक हमला बोल दिया। यह राजनैतिक हमला है—लॉर्ड वावेल का प्रस्ताव।

"लॉर्ड वावेल के प्रस्ताव के पीछे दो मंशा है। पहला, पूर्वी एशिया के भावी युद्ध के लिए भारत से मदद निचोड़ना और दूसरा, भारत को ब्रिटिश साम्राज्य का घरेलू मामला बनाने के लिए भारतीय लोगों के साथ एक समझौता करना। अँग्रेजों को अभी बड़ी संख्या में मानव बल, धन तथा संसाधनों की आवश्यकता है ताकि वह जापान के खिलाफ शुरु होने वाले युद्ध में अमेरीका की मदद कर सके। मगर इस वक्त ब्रिटिश सेना तथा ब्रिटिश भारतीय सेना- दोनों ही युद्ध से थकी हुई हैं और सुदूर-पूर्व में एक लम्बे अभियान में नहीं जाना चाहती, जहाँ की परिस्थितियाँ यूरोप के मुकाबले बहुत ज्यादा कठिन हैं। अतः अभी सिर्फ भारत से ही बलि के लिए बकरे जुटाये जा सकते हैं। मगर जब तक कि सभी भारतीय उत्साह के साथ अपने पूरे संसाधन सौंपने को तैयार न हो जायें, तब तक अँग्रेज सुदूर-पूर्व के अपने भावी युद्ध के लिए अपनी आवश्यकता के अनुसार मानव बल इकट्ठा नहीं कर

सकते। लॉर्ड वावेल के प्रस्ताव का दूसरा मकसद भारत को ब्रिटिश साम्राज्य का घरेलू मामला बनाना, ताकि दूसरी मित्र विदेशी शक्तियाँ भारत की आजादी के लिए हस्तक्षेप न कर सकें। मित्रराष्ट्र वाले सभी देशों के लिए आजादी तथा लोकतंत्र की बहुत बातें करते हैं और दुनिया के गुलाम देशों ने अपनी-अपनी आजादी की दिशा में इन बातों का फायदा उठाना भी शुरु कर दिया है। सीरिया और लेबनान इसके उदाहरण हैं। सान-फ्रान्सिस्को कॉन्फ्रेन्स में सोवियत विदेश मंत्री एम. मोलोतोव द्वारा भारतीय प्रतिनिधियों की पहचान तथा बयान को स्वीकार करते हुए की गयी यह टिप्पणी कि- वह दिन दूर नहीं, जब आजाद भारत की बात दुनिया भर में सुनी जायेगी- ब्रिटेन के लिए एक चेतावनी है। ब्रिटिश सरकार ने यह समझ लिया है कि अगर भारतीय जनता के साथ कोई समझौता नहीं किया जाता, तो भारत एक अन्तर्राष्ट्रीय मुद्दा बना रहेगा और मित्रराष्ट्र एक दिन भारत की आजादी के लिए मध्यस्थता करने लगेंगे, भले ही भारतीय लोग ब्रिटिश सरकार के खिलाफ हथियार न उठायें।

"अगर आप भारत में ब्रिटेन के भावी उद्देश्यों को जानना चाहते हैं, तो आपको सिर्फ इतना याद रखना है कि ब्रिटेन की पूरी कोशिश यही है कि मित्र शक्तियाँ भारत की आजादी की वकालत न कर सके। इसलिए हमारी कोशिश यह होनी चाहिए कि ब्रिटेन भारत को अपने साम्राज्य का आन्तरिक मामला न बना सके। यह तभी हो सकता है जब भारत और ब्रिटेन के बीच भारत की सम्पूर्ण आजादी को छोड़ किसी और मामले में कोई समझौता न हो।

"इस विश्वयुद्ध के शुरू होने के वर्षों पहले, जब लीग ऑव नेशन्स हुआ करता था, स्वर्गीय विट्ठलभाई पटेल और मैं जेनेवा गया था- लीग के सामने भारत की आजादी की माँग रखने के लिए। उस समय हम असफल रह गये थे, क्योंकि तब लीग ऑव नेशन्स में भारत की आजादी की वकालत करके कोई भी राष्ट्र ब्रिटेन से नाराजगी मोल लेना नहीं चाहता था। मगर तब से अब तक परिस्थितियाँ काफी बदल चुकी हैं। अब विश्व जनमत की अदालत में भारत की आजादी का मुद्दा उठाने के लिए बेहतर अवसर मौजूद है। जापान तथा आठ अन्य मित्र शक्तियों द्वारा स्वतंत्र भारत की अन्तरिम सरकार को मान्यता प्रदान करते हुए भारत की आजादी का समर्थन किये जाने से सारी दुनिया के सामने भारत की स्थिति और मजबूत हुई है।

"इससे पहले कि मैं लॉर्ड वावेल के प्रस्ताव पर कुछ बोलूँ, मैं दुनिया की परिस्थितियों पर कुछ कहना चाहूँगा। जैसा कि छह महीनों पहले मैंने भविष्यवाणी की थी- जर्मनी के पतन के साथ ही सोवियत तथा ऐंग्लो-अमेरीकन के बीच तीव्र

संघर्ष शुरू हो चुका है। अभी यूरोप में उन्होंने अपने मतभेदों को ढाँप रखा है, मगर यह सतही समझौता है- असली खेल तो एशिया में शुरू होगा। मतभेदों को सामयिक रूप से ढाँपने के बावजूद उनके बीच के बुनियादी मतभेद अब भी सामने हैं और ये दूर होने वाले नहीं हैं। जर्मनी के पतन ने यूरोप में सोवियत संघ की ताकत और प्रभाव को ऐंग्लो-अमेरीकन के मुकाबले बहुत ज्यादा बढ़ा दिया है।

“अमेरीका फिलहाल जापान के खिलाफ युद्ध में अपना ध्यान केन्द्रित कर रहा है और ब्रिटेन को पर्याप्त मदद देने के लिए बोल रहा है। मेरी व्यक्तिगत राय है कि पूर्वी एशिया का भावी युद्ध दो मुख्य लड़ाईयों में लड़ी जायेगी। एक जापान की मुख्यभूमि में, तो दूसरी चीन में। अभी मैं यह नहीं कह सकता कि कौन-सी लड़ाई पहले शुरू होगी, मगर इतना तय है कि जापान दोनों ही लड़ाइयों के लिए पूरी तरह से तैयार है। मैं यह भी जानता हूँ कि पूर्वी एशिया के हर भाग में जापान की सशस्त्र सेनाओं को आत्म-निर्भर ढंग से संगठित रखा गया है। अगर एक युद्ध क्षेत्र में झटका लगता भी है, तो दूसरे युद्ध क्षेत्र में जापानी सेना की लड़ाकू शक्ति पर इसका कोई असर नहीं पड़ने वाला। ऐंग्लो-अमेरीकन अच्छी तरह जानते हैं कि उनके सामने एक लम्बी और भीषण लड़ाई है। इस सम्बन्ध में एक रोचक बात पर ध्यान दिया जाना चाहिए। हाल ही में बर्मा में युद्ध करने वाले ब्रिटिश 14वीं वाहिनी के कमाण्डर जेनरल स्लिम ने इंग्लैण्ड में एक साक्षात्कार के दौरान यह बात कही है। उनकी टिप्पणी थी कि बहुत-से देश अन्त तक लड़ते रहने की बात कहते हैं, पर वास्तव में सिर्फ एक ही देश है, जो ऐसा कर सकता है और वह है- जापान। उधर जापान हर परिस्थिति में लड़ाई जारी रखेगा, इधर हम भारत की आजादी के लिए ऐसा ही करेंगे, और आजाद हिन्द फौज आखिरी व्यक्ति तथा आखिरी गोली तक लड़ती रहेगी।

“व्यक्तिगत रूप से मुझे इस पर सन्देह है कि मार्शल स्तालिन, प्रेसीडेण्ट ट्रूमैन और प्राईम मिनिस्टर चर्चिल के बीच ईस्ट-एशिया की समस्या से निपटने के लिए जो कॉन्फ्रेन्स होनेवाली है, उससे कुछ निकलकर आयेगा। चुंगकिंग और येनान के बीच के तनावपूर्ण रिश्तों को देखते हुए और चीन में अमेरीका की महत्वाकांक्षा को देखते हुए मुझे नहीं लगता कि चीन की समस्या को सफलतापूर्वक हल किया जा सकेगा। मेरी समझ में नहीं आ रहा कि ये तीनों शक्तियाँ चीन के मामले में किसी एक मत पर कैसे पहुँचेंगी। मेरे विचार से, यूनान सरकार के लिए नानकिंग के साथ समझौता करना ज्यादा आसान रहेगा बनिस्पत चुंगकिंग के। जब तक चुंगकिंग अमेरीका के नियंत्रण में है, मुझे तो चीन का एकीकरण सम्भव नहीं दीखता। जहाँ

तक जापान का प्रश्न है, चीन के बारे में उसकी नयी नीति और युद्ध समाप्त होने पर चीन से अपने सैनिक हटा लेने के उसके वादे से स्पष्ट है कि वह चीन के एकीकरण का स्वागत करेगा। उसकी एकमात्र मंशा है और सदा रहेगी कि ऐंग्लो-अमेरीकन शक्तियों को चीन से दूर रखा जाय। हर भारतीय चीन के प्रति सद्‌भावना व्यक्त करता है और एक शक्तिशाली एवं एकीकृत चीन को उनके महान नेता सन-यात-सेन द्वारा दिखाये गये रास्ते पर चलते हुए देखना चाहता है। आजाद चीन और आजाद भारत के बिना आजाद एशिया की कल्पना सम्भव नहीं है।

"बर्मा में मिली विफलताओं के बावजूद हमारी आशा और अन्तिम विजय के प्रति हमारा विश्वास अटूट है। तीन मुख्य कारकों के कारण इस युद्ध की समाप्ति तक हम भारत की आजादी हासिल कर सकते हैं– पहला- पूर्वी एशिया में हमारा सशस्त्र संघर्षय दूसरा- अन्तर्राष्ट्रीय क्षेत्र में हमारी कूटनीति तीसरा- भारत के अन्दर प्रतिरोध। कहने की आवश्यकता नहीं कि भारत के अन्दर का प्रतिरोध जितना ज्यादा होगा, आजादी मिलने में उतना ही कम समय लगेगा। यही नहीं, भारत के अन्दर का प्रतिरोध सिर्फ नैतिक किस्म का रहता है, तब भी भारत एक अन्तर्राष्ट्रीय मुद्दा बना रहेगा और अन्तर्राष्ट्रीय मंच पर चर्चा के लिए पर्याप्त गुंजाइश बनी रहेगी। सबसे मुश्किल समस्या हमारे लिए है—पूर्वी एशिया में ब्रिटिश के खिलाफ तीखे संघर्ष को जारी रखना। इसका दोहरा असर पड़ेगा- एक ओर यह भारत के हितों की रक्षा करेगा और दुश्मनों के दुष्प्रचार से देशवासियों के मन में पराजय की जो भावना घर कर रही है, उसे दूर करेगा। दूसरी तरफ, दुनिया के सामने यह हमारे जायज दावे को प्रकट करेगा और मित्र-शक्तियों का समर्थन हासिल करने में मदद करेगा। सशस्त्र संघर्ष जारी रखते वक्त हमें अपनी अन्तिम जीत का भरोसा रखना होगा। इस सम्बन्ध में मैं आपको बताना चाहूँगा कि पिछले विश्व युद्ध में संयुक्त शक्तियों के सुप्रीम कमाण्डर मार्शल फॉक ने अपने संस्मरण में क्या लिखा है। जीत व हार का जिक्र करते हुए वे लिखते हैं—'वही शत्रु पराजित होता है, जो खुद को पराजित मान लेता है। जब तक कि एक सेना खुद को पराजित नहीं मान लेती, किसी एक खास क्षेत्र में उसकी पराजय से यह मायने नहीं निकलता कि उसका पूर्ण पराजय हो गया है।' उदाहरण के लिए अँग्रेजों को 1942 में बर्मा से निकाल बाहर कर दिया गया था, पर वे फिर से बर्मा में प्रवेश कर गये हैं। इसी प्रकार, कौन कह सकता है कि हम फिर से बर्मा पर अधिकार नहीं जमा सकते, जिसे हमने खो दिया है? जब हम बर्मा छोड़ रहे थे, तब मैंने अपने साथियों को मार्शल फॉक की उक्त टिप्पणी की याद दिलायी

थी और कहा था कि किसी भी तरह से हम पराजित नहीं हैं, क्योंकि हममें से किसी ने भी यह नहीं माना है कि हम पराजित हो गये हैं, या हमने इस युद्ध को छोड़ दिया है।

"एक सच्चा क्रान्तिकारी वही हो सकता है, जो कभी हार स्वीकार न करे, कभी निराश न हो और दिल छोटा न करें। एक सच्चा क्रान्तिकारी मानता है कि उसका उद्देश्य न्यायसंगत है, और उसे पक्का विश्वास होता है कि एक-न-एक दिन उसके उद्देश्य की पूर्ति होगी। हम बर्मा में पहले दौर की लड़ाई हार जरुर गये हैं, मगर मैं समझता हूँ कि हमने दुश्मनों तक को प्रभावित किया है। बर्मा में प्रवेश करने के बाद दुश्मन को स्वतंत्र भारत की अन्तरिम सरकार और आजाद हिन्द फौज के कार्यों के बारे में कुछ सुनने को मिला होगा। पहले दुश्मन हमें हमेशा 'जापान की कठपुतली' सेना कहकर सम्बोधित करता था। बर्मा में प्रवेश करने के बाद उन्होंने हमें 'जापान-प्रेरित भारतीय राष्ट्रीय सेना' कहना शुरु कर दिया था। मगर अब वे हमें 'भारतीय राष्ट्रीय सेना'- 'इण्डियन नेशनल आर्मी' कहते हैं। जब अँग्रेजों ने मण्डालय को कब्जे में लिया, तब उन्होंने आदेश जारी किया कि कोई भारतीय 'जय हिन्द' अभिवादन का इस्तेमाल नहीं करेगा, जिसका अर्थ होता है- 'भारत की जीत'- यह तो आप जानते ही हैं। इसका परिणाम यह हुआ कि मण्डालय में 'बालक सेना' के लड़के-लड़कियाँ रास्तों पर उतर आये और ब्रिटिश अधिकारियों का 'जय हिन्द' से अभिवादन करने लगे। हम यही चाहते हैं कि अगर हम बहादूरी पूर्वक लड़ते रहें और अपना रक्त बहाते रहें, तो हम न केवल अब तक तटस्थ एवं उदासीन रह रहे अपने देशवासियों को, बल्कि दुश्मनों को भी प्रभावित कर सकते हैं।

"अब मैं लॉर्ड वावेल के प्रस्ताव पर लौटता हूँ। इस प्रस्ताव में तीन मुख्य बातें हैं- पहला, ब्रिटिश साम्राज्य के अधीन एक स्व-शासन का वादाय दूसरा, वायसराय की कार्यकारी परिषद में ज्यादा सीटों की व्यवस्थाय तीसरा, प्रान्तों में मंत्रीमण्डलों की बहाली। इस प्रस्ताव में ऐसा कुछ भी नहीं है, जिसके चलते कोई राष्ट्रवादी भारतीय इसकी सराहना कर सके और सामान्य स्थिति में एक भी काँग्रेसी ने इसकी तरफ देखने की जहमत नहीं उठाई होती। पहली बात, अँग्रेज हमेशा से ही सेल्फ-गवर्नमेण्ट की बात करते रहे हैं दूसरी बात, वायसराय की एक्जीक्यूटिव काउन्सिल के सदस्य सिर्फ वायसराय के प्रति उत्तरदायी रहेंगे- किसी और के प्रति नहीं, ऐसे में काउन्सिल में सीटों की बढ़ोतरी से आजादी की दिशा में कोई प्रगति नहीं होने वाली है। इनके अलावे, वायसराय के पास वीटो की शक्ति रहेगी, जिससे वे एक्जीक्यूटिव काउन्सिल के किसी भी प्रस्ताव को गिरा सकते हैं, चाहे वह सर्वसम्मति से ही क्यों न पारित

हुआ हो। संक्षेप में, वायसराय की यह कार्यकारी परिषद किसी मंत्रीमण्डल के समान नहीं, बल्कि एक परामर्शदात्री संस्था के रूप में काम करेगी- शक्ति वायसराय के ही हाथों में रहेगी। तीसरी बात, प्रान्तों में मंत्रीमण्डलों की फिर से बहाली का कोई महत्व नहीं है, क्योंकि 1939 में ब्रिटेन के युद्ध में भाग लेने के विरोध में आठ प्रान्तों के काँग्रेसी मंत्रीमण्डल अपनी इच्छा से इस्तीफा दे चुके हैं।

हमारा दुर्भाग्य ही है कि हमारे जो नेता अभी जेलों से बाहर हैं, वे हाल में ऐंग्लो-अमेरीकन शक्तियों को मिली जीत से इतने भयभीत हो गये हैं कि उन्होंने एक पराजित मानसिकता विकसित कर ली है। यही कारण है कि महात्मा गाँधी और काँग्रेस कार्यकारिणी ने 25 तारीख को शिमला सम्मेलन में भाग लेने का निर्णय ले लिया है, जहाँ लॉर्ड वावेल के प्रस्ताव पर चर्चा होगी। सो, अब हम अपने देशवासियों मनाने की हर सम्भव कोशिश कर रहे हैं कि वे लॉर्ड वावेल के प्रस्ताव को स्वीकार न करें और इस प्रकार, शिमला सम्मेलन असफल हो जाय। अगर हम इसमें असफल रह जाते हैं और काँग्रेस वायसराय की कार्यकारी परिषद में शामिल होने की पेशकश को स्वीकार कर लेती है, तो हम भारत के अन्दर ऐसी स्थिति पैदा करने की कोशिश करेंगे, जिसमें काँग्रेस को कार्यकारी परिषद से इस्तीफा देने के लिए बाध्य होना पड़ेगा। हम भारत व ब्रिटेन के बीच किसी भी समझौते को रोकने के लिए कटिबद्ध हैं, ताकि भारत एक अन्तर्राष्ट्रीय मुद्दा बना रहे और इस प्रकार हम सम्पूर्ण आजादी की ओर आगे बढ़ सकें।

यहाँ पूर्वी एशिया में हमारे पास दो काम हैं। पहला तो यह है कि 4 फरवरी 1943 को जिस सशस्त्र संघर्ष की हमने शुरुआत की थी, उसे जारी रखना है और दूसरा यह कि अन्तर्राष्ट्रीय क्षेत्र में भारत की आजादी के मुद्दे को उठाये रखना है। साथ ही तथाकथित राष्ट्रसंघ के खेमे में उठने वाले हर मतभेद का- खासकर, सोवियत संघ एवं ऐंग्लो-अमेरीकन के बीच के मतभेद का- लाभ उठाना है। पूर्वी एशिया में हमारे युद्ध के लिए मलाया हमारा आधार है। जब तक अँग्रेजों को मलाया से दूर रखा जाता है, भारत की आजादी के लिए हमारे कार्य बिना किसी बाधा के जारी रहेंगे। अतः अगर किसी भी समय अँग्रेज मलाया में कदम रखते हैं, तो हम अपनी सारी ताकत के साथ उनसे युद्ध करेंगे।

जब भारत की आजादी का इतिहास लिखा जायेगा, मलाया में रह रहे भारतीयों को उस इतिहास में गौरवशाली स्थान दिया जायेगा। भारत की आजादी के संघर्ष में मलाया के भारतीयों द्वारा मानव बल, धन एवं सामग्री के रूप में जो योगदान दिया गया है, वह महान है। भारत इसके लिए सदा कृतज्ञ रहेग। खासतौर पर, मलाया

को आजाद हिन्द फौज तथा आजाद हिन्द की अन्तरिम सरकार की जन्मस्थली के रूप में सदा याद किया जायेगा। मलाया ने बड़ी संख्या में अपने नौजवान दिये हैं, जो भारत की आजादी के लिए बहादूरी से लड़े हैं और शहीद हुए हैं। मलाया ने झाँसी की रानी रेजीमेण्ट की पंक्तियों के लिए सबसे बड़ा योगदान दिया है। मलाया के भारतीयों ने जो शानदार कीर्तिमान स्थापित किया है, उसे उन्हें अवश्य कायम रखना चाहिए। यह मलाया ही है, जहाँ से सम्पूर्ण लामबन्दी का आह्वान पहली बार हुआ था।

आज मैं आपसे और लोगों की और रुपयों की तथा और सामग्रियों के लिए अपील कर रहा हूँ। हाल ही में बर्मा की हमारी पराजयों ने आपकी जिम्मेदारियों को और बढ़ा दिया है। आपके अतीत के योगदानों को जानते हुए मुझे जरा भी सन्देह नहीं है कि आप भविष्य में इससे भी ज्यादा योगदान देंगे। मैं सिर्फ यही चाहूँगा कि आप हमारे उद्देश्य के औचित्य के प्रति अपना भरोसा बनाये रखें। इस भरोसे को आप जब तक बनाये रखेंगे, अन्तिम विजय के प्रति आपकी आशा और विश्वास भी बना रहेगा।

"जय हिन्द।"

25 जून, 1945, 'करो या मरो'- सन्देश

"साथियों,

आज मैं आप लोगों को उसी प्रकार से सम्बोधित कर रहा हूँ, जैसे कि एक क्रान्तिकारी अपने क्रान्तिकारी साथियों को करता है। मैं भारत में आपके बीच होता, तो इसी तरह कहता। वर्तमान में भारत एक राजनीतिक संकट के दौर से गुजर रहा है। अगर एक गलत कदम उठाया जाता है, तो आजादी की ओर हमारे बढ़ते कदम पिछड़ सकते हैं। मैं बता नहीं सकता कि आज मैं कितना चिन्तित हूँ, क्योंकि एक तरफ तो आजादी हमारे नजदीक है, और दूसरी तरफ एक गलत कदम इसे दूर कर सकता है।

कुल-मिलाकर मुझे आपसे यह कहना है कि भारत में दुश्मन का प्रोपागण्डा इतना सफल हो गया है कि हमारे देश का प्रभावशाली वर्ग, जो सिर्फ तीन साल पहले तक यह यकीन करता था कि आजादी हमारी पहुँच में है और जो इसे हासिल करने के लिए 'करो या मरो' के लिए तैयार था, वह आज वायसराय के एक्जीक्यूटिव काउन्सिल के भारतीयकरण के बारे में सोचने लगा है। इस नाजुक घड़ी में, हम लोग जो कि देश से बाहर हैं, दुनिया के हालात पर देश के अन्दर

रहने वालों के मुकाबले बहुत-बहुत बेहतर तरीके से नजर रख सकते हैं। इसलिए यह हमारा फर्ज बनता है कि अपनी सोच आपको बतायें और आपको सही सलाह दें।

रंगून से अपने मुख्यालय को हटाने के बाद हम बर्मा के अन्दर किसी भी दूसरी जगह में जा सकते थे, जैसा कि स्वतंत्र बर्मा की सरकार ने किया, क्योंकि हमारे सैनिक बर्मा के अन्दर युद्ध कर ही रहे थे। मगर हमने सोचा कि हमारा दुश्मन यूरोप तथा बर्मा में मिली इस सफलता का तुरन्त फायदा उठाने की कोशिश करेगा और हमपर नये सिरे से राजनीतिक एवं सैन्य हमले करेगा, सो, हमें इनके लिए तैयार रहना है और हमें एक ऐसे स्थान पर रहना है, जहाँ से जरुरत पड़ने पर भारत को सम्बोधित कर सकें। यही वह मुख्य कारण है, जिसके लिए हम आज यहाँ स्योनान में हैं।

आज भारत जिस संकट का सामना कर रहा है, वह इसलिए खड़ा हुआ है कि हमारे देश के कुछ प्रभावशाली वर्ग, जो सिर्फ तीन साल पहले 'आजादी या मौत' के नारे लगा रहे थे, आज लॉर्ड वावेल की शर्तों पर ब्रिटिश सरकार से समझौता करने के लिए तैयार हो गये हैं। दो कारणों से यह यह प्रवृत्ति गलत एवं अन्यायपूर्ण है- पहला, आजादी के मामले में कोई समझौता नहीं हो सकता और दूसरा, हमारे देशवासी जैसा समझते हैं, परिस्थितियाँ वैसी नहीं हैं और अगर हम ब्रिटिश साम्राज्य के प्रति अपना प्रतिरोध जारी रखते हैं, तो इस युद्ध की समाप्ति तक हम आजादी पा लेंगे।

मुझे सुनने वालों में किसी को अगर इस बारे में सन्देह है कि मैं दुनिया की ताजातरीन घटनाओं के सम्पर्क में हूँ या नहीं, तो वे खुद ही एक सामान्य तथ्य के आधार पर इसकी जाँच कर सकते हैं। पिछले हफ्ते के मेरे सम्बोधनों में आपने ध्यान दिया होगा कि मैं भारत में घट रही रोज की घटनाओं की गहराई से खबर रखता हूँ। अगर मैं भारत की घटनाओं की खबर रख सकता हूँ. तो मैं विश्व में घट रही घटनाओं की भी खबर रख सकता हूँ। इसके विपरीत, जो लोग भारत के अन्दर हैं, जो यह नहीं देख सकते कि ब्रिटिश-अमेरीकियों के नियंत्रण से बाहर वाले क्षेत्रों में क्या हो रहा है और जो दुश्मन के कुटील प्रोपागण्डा के शिकार हैं, वे विश्व-परिस्थिति के बारे में एक सटीक राय नहीं बना सकते। आज सारा विश्व संक्रमण के दौर से गुजर रहा है और भारत की नियति विश्व-घटनाक्रमों से अछूती नहीं रह सकती।

सवाल उठता है कि मैं इतना आशावादी कैसे हूँ, जबकि मेरे कुछ प्रमुख साथीगण हार मान चुके हैं? इसके पीछे दो प्रमुख कारण हैं- हम ब्रिटिश एवं उसकी

सहयोगी शक्तियों के खिलाफ सशस्त्र संघर्ष चला रहे हैं और हम बर्मा में हाल में मिली असफलता के बावजूद पूर्वी एशिया के मामले में निराशावादी नहीं हैं।

दूसरी बात, भारत आज एक अन्तर्राष्ट्रीय मुद्दा बन चुका है और अगर इस मुद्दे को ब्रिटिश साम्राज्य का एक घरेलू मुद्दा नहीं बनने दिया जाय, तो विश्व-जनमत की अदालत के सामने यह मुद्दा जरुर उठेगा। क्या आप अपनी आँखों से खुद नहीं देख सकते और अपने कानों से खुद नहीं सुन सकते कि कैसे सीरिया और लेबनान ने विश्व-परिस्थितियों को अपने पक्ष में मोड़ते हुए तथाकथित संयुक्त-राष्ट्रों के बीच दरार पैदा कर दिया है? हम सीरियाई या लेबनानी नेताओं से कोई कम बुद्धिमान या कम दूरदर्शी नहीं हैं। लेकिन अगर हमें भारत के मामले को विश्व-जनमत की अदालत में लाना है, तो हमें दो काम करने होंगे-

पहला काम, ब्रिटिश साम्राज्यवाद के साथ किसी भी समझौते से हमें इन्कार करना होगाय और दूसरा, हमें भारत की आजादी सुनिश्चित करने के लिए हथियार उठाने होंगे। अगर घर में हमारे देशवासी हथियार न उठा सकें और ब्रिटिश युद्ध-प्रचेष्टाओं के खिलाफ वे नगरिक-अवज्ञा आन्दोलन भी न चला सकें, तो कम-से-कम वे ब्रिटिश-साम्राज्यवाद के खिलाफ नैतिक-प्रतिरोध जारी रखें और कोई भी समझौता करने से इन्कार कर दें। हम भारत की आजादी को सुनिश्चित करने के लिए यहाँ सशस्त्र संघर्ष जारी रखेंगे, और जब तक हम ऐसा करते रहेंगे, दुनिया की कोई ताकत भारत को अन्तर्राष्ट्रीय मुद्दा बनने से नहीं रोक सकती, बशर्ते कि आप वहाँ ब्रिटिश सरकार के साथ समझौता करके हमें नीचा न दिखा दें।

मैं जानता हूँ कि घर में कुछ नेता मुझसे बुरी तरह से खफा हैं, क्योंकि मैं ब्रिटिश सरकार के साथ उनके समझौता करने की योजना का विरोध कर रहा हूँ। वे इसलिए भी मुझसे नाराज हैं कि मैं इस बात को सामने ला रहा हूँ कि काँग्रेस और ऑल इण्डिया काँग्रेस कमेटी के पीठ पीछे काँग्रेस वर्किंग कमेटी को ऐसा दुर्भाग्यपूर्ण फैसला लेने का संवैधानिक हक नहीं है और वे इसलिए भी मुझसे नाराज हैं कि मैं बता रहा हूँ कि काँग्रेस वर्किंग कमेटी काँग्रेस तथा देश के लेफ्ट विंग का प्रतिनिधित्व नहीं करती। ये क्रोधित नेता मुझे गालियाँ दे रहे हैं कि मैं निप्पोनीज की मदद ले रहा हूँ।

मैं निप्पोन की मदद लेने में शर्म महसूस नहीं कर रहा हूँ। निप्पोन ने भारत की सम्पूर्ण आजादी को पूर्ण समर्थन दिया है और आजाद हिन्द यानि स्वतंत्र भारत की वैकल्पिक सरकार को आधिकारिक मान्यता दी है। लेकिन जो अभी ब्रिटिश सरकार का साथ देना चाहते हैं और ब्रिटेन का साम्राज्यवादी युद्ध लड़ना चाहते हैं,

वे भारत में ब्रिटेन के वायसराय के प्रति उत्तरदायी अधीनस्थों की भूमिका स्वीकार करने के लिए राजी हो गये हैं। हाँ, अगर उन्होंने इस आधार पर ब्रिटिश सरकार के साथ सहयोग किया होता कि ब्रिटेन स्वतंत्र भारत की सरकार को आधिकारिक मान्यता प्रदान करेगा, तो यह एक अलग बात होती।

इसके अलावा, निप्पोन ने हमें हथियार दिये हैं, जिससे कि ऊपर से नीचे तक विशुद्ध भारतीय एक सेना का गठन हो पाया है। इस सेना, यानि आजाद हिन्द फौज, को भारतीय भाषाओं का इस्तेमाल करते हुए भारतीय प्रशिक्षकों द्वारा प्रशिक्षित किया गया है। यह सेना भारत के राष्ट्रीय झण्डे को लेकर चलती है और भारत के राष्ट्रीय नारों का प्रयोग करती है। इस सेना के अपने भारतीय अफसर हैं और पूरी तरह भारतीयों द्वारा संचालित अपने ऑफिसर ट्रेनिंग स्कूल हैं और युद्ध के मैदान में यह सेना अपने भारतीय कमाण्डरों के अधीन रहकर लड़ती है, जिनमें से कुछ अब जेनरल का ओहदा पा चुके हैं। अगर कोई कठपुतली सेना की बात कहता है, तो वह ब्रिटिश इण्डियन आर्मी है, जिसे कठपुतली सेना कहा जाना चाहिए, क्योंकि यह ब्रिटिश अफसरों के अधीन रहकर ब्रिटेन का साम्राज्यवादी युद्ध लड़ रही है।

क्या मैं इस पर यकीन कर लूँ कि पच्चीस लाख की एक सेना में, जिसमें बहुत-से भारतीयों को ब्रिटिश सेना के सर्वोच्च सम्मान- विक्टोरिया क्रॉस- पाने के योग्य समझा गया हो, उसमें एक भी भारतीय जेनरल का ओहदा पाने के योग्य नहीं है?

साथियों, मैंने अभी-अभी कहा कि मैं निप्पोन की मदद लेकर शर्मिन्दा नहीं हूँ। मैं इससे भी आगे जाकर कहना चाहूँगा कि अगर एक समय का सर्वशक्तिमान ब्रिटिश साम्राज्य भीख की कटोरी लेकर दुनिया भर में घूम सकता है और युनाइटेड स्टेट्स ऑव अमेरीका की मदद पाने के लिए घुटने टेक सकता है, तो क्या वजह है कि हम- गुलाम तथा निशस्त्र राष्ट्र- अपने मित्रों से मदद नहीं ले सकते! आज हम निप्पोन की मदद ले रहे हैं, कल को अगर सम्भव हुआ और भारत की भलाई के लिए आवश्यकता पड़ी, तो हम किसी और शक्ति से भी मदद लेने में नहीं हिचकेंगे।

बिना किसी प्रकार की विदेशी मदद के अगर हमें आजादी मिल जाती है, तो मुझसे ज्यादा प्रसन्न और कोई नहीं होगा। मगर आधुनिक इतिहास में मुझे एक भी ऐसा उदाहरण अब तक नहीं मिला है, जहाँ किसी गुलाम देश ने बिना किसी प्रकार की बाहरी मदद के आजादी हासिल की हो और जहाँ तक गुलाम भारत की बात है, ब्रिटिश राजनीतिक पार्टियों और ब्रिटिश नेताओं के साथ हाथ मिलाने से लाख दर्जा बेहतर है कि हम ब्रिटिश साम्राज्य के शत्रुओं के साथ हाथ मिलायें। हमारी सारी समस्या यही है कि हम अपने दुश्मनों से पर्याप्त नफरत नहीं करते और हमारे नेता 'भारत के दुश्मनों' से नफरत करना हमें नहीं सिखाते- हाँ, जिन्हें वे 'दूसरे देशों के दुश्मन' मानते हैं, उनसे नफरत करना वे जरूर सिखाते हैं। क्या यह हास्यास्पद नहीं

है कि हमारे कुछ नेतागण विदेशों में जाकर फासीवाद के खिलाफ लड़ने की बात करते हैं और घर में साम्राज्यवाद के साथ हाथ मिलाते हैं?

साथियों, अगर मैं यहाँ आरामकुर्सी पर बैठा एक राजनीतिज्ञ होता, तो मैं अपना मुँह बिलकुल नहीं खोलता और आपसे एक शब्द भी नहीं कहता। मगर मैं और मेरे साथी यहाँ एक भयंकर लड़ाई लड़ रहे हैं। सीमा पर हमारे साथी मौत के साथ खेल रहे हैं। जो सीमा पर नहीं हैं, उन्हें भी अपने अस्तित्व की रक्षा के लिए प्रतिपल खतरे का सामना करना पड़ रहा है। जब हम बर्मा में थे, बमबारी और मशीनगनों की बौछार हमारी रोज की मनोरंजन हुआ करती थी। दुश्मन की निष्ठुर बमबारी और मशीनगनों की बौछार में मैंने अपने बहुत-से साथियों को मरते, अपंग और घायल होते देखा है। रंगून के आजाद हिन्द फौज अस्पताल में मैंने सारे फर्श को बुरी तरह से हताहत असहाय मरीजों से पटा हुआ देखा है।

आज अगर मैं और मेरे कुछ साथी अगर जिन्दा हैं, तो यह ईश्वर की कृपा है। चूँकि हम मौत का सामना करते हुए जी रहे हैं, काम कर रहे हैं और लड़ रहे हैं, इसलिए हमें हक है आपसे बात करने का और आपको सलाह देने का! आपमें से ज्यादातर नहीं जानते कि बमबारी क्या होती है। आपमें से ज्यादातर को नहीं पता कि नीचे उड़ते हुए बमवर्षक या लड़ाकू विमान से की जानेवाली मशीनगनों की बौछार कैसी होती है। आपमें से ज्यादातर को अनुभव नहीं होगा कि बन्दूकों की गोलियाँ आपके दाहिने-बाँयें से कैसे सनसनाती हुई निकलती हैं। जो कोई भी इन अनुभवों से गुजरा होगा और गुजरकर भी जिसने अपना मनोबल ऊँचा बनाये रखा होगा, वह लॉर्ड वॉवेल के प्रस्ताव की ओर झाँकने भी नहीं जायेगा!

साथियों, लॉर्ड वॉवेल के प्रस्ताव का क्या करना है- यह हमें तय करना है। सबसे पहले तो- हालाँकि आपके पास समय कम है, फिर भी- हर वह सम्भव उपाय अपनाना है, जिससे कि काँग्रेस वर्किंग कमेटी इस प्रस्ताव को स्वीकार ही न कर सके। दूसरी बात, अगर आप इसमें असफल रह जाते हैं, तो आपको ऐसी स्थिति पैदा कर देनी है कि काँग्रेस-प्रतिनिधिगण वायसराय की एक्जीक्यूटिव काउन्सिल से इस्तीफा देने के लिए बाध्य हो जायें। यह कोई मुश्किल नहीं होगा। आपको सभी राजनीतिक कैदियों की रिहाई की माँग पर अड़ जाना है, बस इसी से वायसराय तथा एक्जीक्यूटिव काउन्सिल के काँग्रेस सदस्यों के बीच अनबन की शुरुआत हो जायेगी।

इसमें कोई सन्देह नहीं है कि नयी एक्जीक्यूटिव काउन्सिल बनने के बाद वायसराय भारत की मानव शक्ति, धन तथा संसाधनों को सुदूर-पूर्व में ब्रिटिश के

भावी युद्ध में झोंकना शुरु कर देंगे। इससे कई ऐसे मुद्दे पैदा होंगे, जिनमें भारत के हित ब्रिटेन के हितों से टकरा जायेंगे। ऐसे में अगर आप प्रचार एवं आन्दोलन जारी रखते हैं, एक्जीक्यूटिव काउन्सिल के काँग्रेस-सदस्यों को ब्रिटिश हितों के खिलाफ जाते हुए भारत के हित में खड़े होने के लिए बाध्य होना पड़ेगा, इससे वायसराय के साथ उनकी तकरार निश्चित रूप से होगी। इसके बाद आपको सुदूर-पूर्व में भारतीय सैनिकों को बलि का बकरा बनाये जाने के खिलाफ आन्दोलन छेड़ना है।

आप इसमें असफल रह जाते हैं, तो आपको दुश्मन की यातायात एवं संचार व्यवस्था को अस्त-व्यस्त करने के लिए तोड़-फोड़ की गतिविधियाँ चलानी हैं। जैसा कि आप जानते हैं कि पिछले पाँच वर्षों में ब्रिटिश उन देशों में भूमिगत गतिविधियों को चलाने तथा उन्हें संगठित करने के लिए जरूरी दिशा-निर्देश जारी कर रहे हैं, जो देश उसकी नियंत्रण या प्रभाव से बाहर हो गये हैं। अगर आप इन इन दिशा-निर्देशों का उपयोग करें और भारत में ब्रिटेन के ही खिलाफ इन्हें लागू करें, तो आपको अच्छे परिणाम प्राप्त होंगे।

अन्त में एक महत्वपूर्ण बात और, आपको भरतीय सेनाओं के अन्दर पैठ बनानी है और उसे अन्दर से ही बगावत के लिए तैयार करना है। आज की भरतीय सेना 1939 की सेना नहीं है। ब्रिटिश रपटों के अनुसार, भरतीय सेना का संख्याबल पच्चीस लाख है। इस सेना में ऐसे बहुत-से लोग हैं, दिमाग से राजनीति समझते हैं और दिल से राष्ट्रवादी हैं। इस सेना को जब भंग किया जाने लगेगा, तब बगावत का सही मौका होगा, बशर्ते कि तबतक भारत आजाद न हुआ हो। इस विश्वयुद्ध को धन्यवाद कि इसकी बदौलत आज पच्चीस लाख भारतीय शस्त्र चलाना जानते हैं। जब इन्हें सेना से निकाला जायेगा, तब ये शस्त्रागारों पर धावा बोल सकते हैं और हथियार उठाकर अँग्रेज शासकों से युद्ध कर सकते हैं। 1930 में चटगाँव शस्त्रागार पर बोला गया धावा एक शानदार उदाहरण है कि कैसे दुश्मनों के हथियार को हासिल करके उन्हीं के खिलाफ इनका इस्तेमाल किया जा सकता है।

साथियों, आज के लिए मैं इतना ही कहना चाहूँगा, लेकिन समाप्त करने से पहले मैं एक बार फिर आपको याद दिलाना चाहूँगा कि क्रान्तिकारी वह होता है, जो यह विश्वास रखता है कि उसका उद्देश्य न्यायपूर्ण है और एक-न-एक दिन वह अपने उद्देश्य को हासिल करेगा ही। जो असफलता या हार से निराश हो जाये, वह क्रान्तिकारी नहीं हो सकता। एक क्रान्तिकारी का आदर्श वाक्य होता है- अच्छे से अच्छे की आशा रखो, मगर बुरे से बुरे के लिए तैयार रहो।

मुझे यकीन है कि अगर हम अपना संघर्ष जारी रखते हैं और अन्तर्राष्ट्रीय मंच पर अपने पत्ते सही खेलते हैं, तो इस युद्ध की समाप्ति तक हम अपनी आजादी को हासिल कर लेंगे। लेकिन इसका मतलब यह नहीं है कि अगर हम असफल रह जाते हैं, तो हम हिम्मत हार बैठें या निराश हो जायें। अगर बुरे-से-बुरा होता है और युद्ध के बाद भारत एक स्वतंत्र राष्ट्र के रूप में नहीं उभरता है, तब हमारी अगली योजना होगी- भारत के अन्दर युद्धोत्तर-क्रान्ति और अगर हम इसमें भी असफल रह जायें, तो हमें आजादी पाने का मौका देने के लिए एक तीसरा विश्वयुद्ध होगा।

"मुझे पूरा यकीन है कि अगर वर्तमान युद्ध के दौरान दुनिया के सभी गुलाम देश आजाद नहीं होते हैं, तो दस वर्षों के अन्दर- अगर इससे पहले नहीं तो, तीसरे विश्वयुद्ध की शुरुआत हो जायेगी। भारत की आजादी तय है। जो कारक तय नहीं है, वह है- समय। बहुत बुरी स्थिति होने पर भी चन्द वर्ष और लग सकते हैं। फिर हम क्यों इतनी आसानी से निरुत्साहित हो जायें और समझौता करने के लिए वायसराय के घर की ओर दौड़ पड़ें? एक क्रान्तिकारी के रूप में आपका फर्ज बनता है कि आजादी के झण्डे को तब तक उठाये रखें, जब तक कि दिल्ली में वायसराय के घर के ऊपर इसे शान से फहरा नहीं दिया जाता।

"जय हिन्द।"

8

मूल्यांकन

देश की आजादी में अपना सर्वस्व न्योछावर करने वाले अनेक महापुरुष हुए हैं। ऐसी ही महान विभूतियों में से एक थे सुभाष चन्द्र बोस। महात्मा गाँधी ने नेताजी को देशभक्तों का देशभक्त कहा था।

स्वामी विवेकानंद को अपना आर्दश मानने वाले सुभाष चन्द्र बोस जब भारत आए तो रविन्द्रनाथ टैगोर के कहने पर सबसे पहले गाँधी जी से मिले थे। गाँधी जी से पहली मुलाकात मुम्बई में 20 जुलाई, 1921 को हुई थी। गाँधी जी की सलाह पर सुभाष कोलकता में दास बाबू के साथ मिलकर आजादी के लिये प्रयास करने लगे। जब दास बाबू कोलकता के महापौर थे, तब उन्होंने सुभाष चन्द्र बोस को महापालिका का प्रमुख कार्यकारी अधिकारी बनाया था। अपने कार्यकाल के दौरान सुभाष बाबू ने कोलकता के रास्तों का अंग्रेजी नाम बदलकर भारतीय नाम कर दिया था।

संभ्रात परिवार के होने के बावजूद भी उनका झुकाव सांसारिक धन, वैभव या पदवी की ओर नहीं था। मित्रगण उन्हें संन्यासी पुकारते थे। सुभाष चन्द्र बोस को उनके घर वाले विलायत पढ़ने के लिये इस आशा से भेजा था कि सुभाष आई. सी. एस. की उच्च परीक्षा पास करके बड़ी सरकारी नौकरी करेंगे और परिवार की समृद्धि एवं यश की रक्षा करेंगे किन्तु जिस समय वे विलायत में थे, उसी समय अंग्रेजी सरकार के अन्यायपूर्ण नियमों के विरुद्ध गाँधी जी ने सत्याग्रह संग्राम छेड़ा हुआ था। सरकार के साथ असहयोग करके उसका संचालन कठिन बनाना, इस संग्राम की अपील थी। गाँधी जी से प्रभावित होकर सुभाष अपनी प्रतिष्ठित नौकरी छोड़कर असहयोग आंदोलन में शामिल हो गये। आई. सी. एस. की परीक्षा पास करके भी

सरकारी नौकरी छोड़ देने वाले सबसे पहले व्यक्ति सुभाष चन्द्र बोस थे। अनेक इष्ट-मित्रों ने और स्वयं ब्रिटिश सरकार के भारत मंत्री ने उनको ऐसा न करने के लिये बहुत समझाया, किन्तु कलेक्टर और कमिश्नर बनने के बजाय सुभाष चन्द्र बोस को मातृ-भूमि का सेवक बनना ज्यादा श्रेष्ठ लगा।

बंगाल के श्रेष्ठ नेता चितरंजन दास गाँधी जी के आह्वान पर अपनी लाखों की बैरस्टरी को मातृ-भूमि के लिये त्याग कर चुके थे। सुभाष बाबू के त्याग को सुनकर उन्हें बहुत खुशी हुई। चितरंजन दास देशबन्धु के त्याग से सुभाष भी बहुत प्रभावित हुए थे। सुभाष बाबू देशबन्धु को अपना राजनीतिक गुरू मानते थे और उनके प्रति अत्यंत आदर और श्रद्धा का भाव रखते थे।

सुभाष चन्द्र बोस के ओजस्वी भाषणों से हजारों विद्यार्थी, वकील, सरकारी नौकर गाँधी जी के आंदोलन में शामिल हो गये। सुभाष बाबू के तेज प्रवाह से डर कर अंग्रेज सरकार ने चितरंजन दास और सुभाष को 6 महिने कैद की सजा सुनाई।

सुभाष, भारत माँ की आजादी के साथ ही अनेक सामाजिक कार्यों में दिल से जुड़े थे। बंगाल की भयंकर बांढ में घिरे लोगों को सुरक्षित स्थान पर पहुँचाना, उनके लिये भोजन वस्त्र आदि का प्रबंध स्वयं करते थे। उनके परिश्रम को देखकर सरकारी अधिकारी भी प्रशंसा किये बिना न रह सके। समाज-सेवा का कार्य नियमित रूप से चलता रहे इसलिये उन्होंने "युवक-दल" की स्थापना की थी। कुछ समय पश्चात युवक दल ने किसानों के हित में कार्य आरंभ किया जिसका लक्ष्य, किसानों को उनका हक दिलाना था।

सुभाष बाबू के प्रभाव से अंग्रेजी सरकार भयभीत हो गई। अंग्रेजों ने उन पर आरोप लगाया कि वे बम और पिस्तौल बनाने वाले क्रांतिकारियों के साथ हैं। उन्हें कुछ दिन कोलकता की जेल में रखने के बाद मांडले (वर्मा) की जेल में भेज दिया गया, जहाँ लगभग 16, 17 वर्ष पहले लाला लाजपत को एवं लोकमान्य बाल गंगाधर को रखा गया। अपने सार्वजनिक जीवन में सुभाष बाबू को कुल ग्यारह बार कारावास हुआ था। राजनीतिक प्रेरणास्रोत देशबन्धु चितरंजन दास के निधन का समाचार, सुभाष बाबू को मांडले जेल में मिला, ये उनके लिये बहुत ही दुखःदायी समाचार था। 11 महीने की कारावास में उनको इतनी तकलीफ नहीं हुई थी, जितनी इस खबर से हुई। देशबंधु चितरंजन दास की कही बात "बंगाल के जल, बंगाल की मिट्टी, में एक चितरंजन सत्य निहित है" से सुभाष चन्द्र बोस को कोलकता से दूरी का एहसास होने लगा था। फिर भी जेल में रहने का उनको दुःख नहीं था, उनका मानना था कि भारत माता के लिये कष्ट सहना गौरव की बात है। मांडले जेल में अधिक बीमार हो जाने के कारण सरकार ने उनको छोड़ने का हुक्म दे दिया।

कोलकता में आकर वे वापस भारत की आजादी के लिये कार्य करने लगे। इसी दौरान क्रांतिकारी नेता यतींद्रनाथ ने लाहौर जेल में 63 दिन के भूख हड़ताल करके प्राण त्याग दिये। शहीद यतींद्रनाथ की शव यात्रा को पूरे जोश के साथ निकाला गया। इस अवसर पर सुभाष बाबू अंग्रेजों को खिलाफ बहुत ही जोशिला भाषण दिया, जिस वजह से उनको पुनः गिरफ्तार कर लिया गया।

इस प्रकार जब कई बार जेल भेज कर सरकार थक गई तो उनको नजरबंद कर दिया गया। इस हालत में सुभाष बाबू का स्वास्थ पुनः खराब हो गया। जेल से रिहा करने के बजाय उनको इलाज के लिये स्वीट्जरलैंड भेज दिया गया। विदेश में रह कर भी देश की स्वाधीनता के लिये कार्य करते रहे।

पिता की बिमारी की खबर मिलने पर सरकार के मना करने पर भी भारत आये लेकिन जहाज से उतरते ही उन्हें गिरफ्तार कर लिया गया और इस शर्त पर छोड़े गये कि जब तक भारत में रहेंगे किसी राजनीतिक गतिविधि में भाग नही लेंगे। पिता के अंतिम क्रियाकर्मों के बाद उन्हें विदेश वापस जाना पड़ा।

दो वर्ष बाद वापस भारत आये किन्तु पुनः पकड़ लिये गये और जब सभी प्रान्तों में कांग्रेसी सरकार बन गई, तब जेल से रिहा हो पाये। 1938 में कांग्रेस के सभापति बनाये गये। रविन्द्रनाथ टैगोर, प्रफुलचन्द्र राय, मेधनाद साहा जैसे वैज्ञानिक भी सुभाष की कार्यशैली के साथ थे। 1938 में गाँधी जी ने कांग्रेस अध्यक्षपद के लिए सुभाष को चुना तो था, मगर गाँधी जी को सुभाष बाबू की कार्यपद्धति पसंद नहीं आयी। इसी दौरान यूरोप में द्वितीय विश्वयुद्ध के बादल छा गए। सुभाष बाबू चाहते थे कि इंग्लैंड की इस कठिनाई का लाभ उठाकर, भारत का स्वतंत्रता संग्राम अधिक तेज कर दिया जाए। उन्होंने अपने अध्यक्षपद के कार्यकाल में इस तरफ कदम उठाना भी शुरू कर दिया था। गाँधी जी इस विचारधारा से सहमत नहीं थे। भगत सिंह को फांसी से न बचा पाने पर भी सुभाष, गाँधी जी एवं कांग्रेस से नाखुश थे। इन मतभेदों के कारण आखिरकार सुभाष चन्द्र बोस ने कांग्रेस पार्टी छोड़ दी।

सन् 1940 में रामगढ़ कांग्रेस के अधिवेशन के अवसर पर सुभाष बाबू ने "समझौता विरोधी कॉन्फ्रेस" का आयोजन किया और उसमें बहुत जोशीला भाषण दिया। "ब्लैक-हॉल" स्मारक को देश के लिये अपमानजनक बतला कर उसके विरुद्ध आन्दोलन छेड़ दिये। इससे अंग्रेज सरकार ने उन्हें गिरफ्तार कर जेल भेज दिया। जहाँ उन्होंने भूख हड़ताल कर दी आखिर अंग्रेजों को उन्हें छोड़ना पडा और उनकी माँग के आगे झुकना पड़ा, जिससे "ब्लैक-हॉल स्मारक" को हटाना स्वीकार किया गया।

सन् 1941 में जब कोलकता की अदालत में मुकदमा पेश होना था तो पता चला कि वह घर छोड़ कर कहीं चले गये हैं। दरअसल सुभाष बाबू वेष बदल कर पहरेदारों के सामने से ही निकल गये थे। भारत छोड़कर वह सबसे पहले काबुल गये तद्पश्चात जर्मनी में हिटलर से मिले। उन्होंने जर्मनी में "भारतीय स्वतंत्रता संगठन" और "आजाद हिंद रेडिओ" की स्थापना की थी। जर्मनी से गोताखोर नाव द्वारा जापान पहुँचे। अंग्रेजों के खिलाफ लड़ने के लिये, उन्होंने जापान के सहयोग से आजाद हिन्द फौज का गठन किया और युवाओं का आह्वान करते हुए कहा "तुम मुझे खून दो, मैं तुम्हे आजादी दुंगा।"

आजाद हिन्द फौज में औरतों के लिए झाँसी की रानी रेजिमेंट भी बनायी गयी। अपनी फौज को प्रेरित करने के लिए नेताजी ने "चलो दिल्ली" का नारा दिया। सैनिकों का हौसला बुलंद करने के लिये, उनके द्वारा दिया गया "जय हिन्द" का नारा, भारत का राष्ट्रीय नारा बन गया।

दोनों फौजों ने अंग्रेजों से अंडमान और निकोबार द्वीप जीत लिए। यह द्वीप अर्जी-हुकुमत-ए-आजाद-हिंद के अनुशासन में रहें। नेताजी ने इन द्वीपों का शहीद और स्वराज द्वीप नाग सो नागकरण किया। दोनों फौजों ने मिलकर इंफाल और कोहिमा पर आक्रमण किया। लेकिन बाद में अंग्रेजों का पलड़ा भारी पड़ा और दोनों फौजों को पीछे हटना पड़ा। सुभाष चन्द्र बोस आजादी के लिये निरंतर प्रयास करते रहे। 1945 में द्वितीय विश्वयुद्ध में जापान की हार के बाद, नेताजी को नया रास्ता ढूँढना जरूरी हो गया। उन्होंने रूस से सहायता माँगने का निश्चय किया।

अतः 18 अगस्त, 1945 को नेताजी हवाई जहाज से मांचूरिया की तरफ जा रहे थे। इस सफर के दौरान वे लापता हो गए। इस दिन के बाद वे कभी किसी को दिखाई नहीं दिये। नेताजी कहाँ लापता हो गए और उनका आगे क्या हुआ, यह भारत के इतिहास का सबसे बड़ा अनुत्तरित रहस्य है।

इस प्रकार देश के महान आत्म बलिदानी के जीवन का अंत असमय हो गया। अल्प समय में भारतीयों के मानस पटल पर एक अमिट छाप छोड़ गये। सुभाष चन्द्र बोस ने 18 वर्ष की आयु में अपने पिता से कहा था कि—"विवेकानंद का आदर्श ही मेरा आदर्श है।"

स्वाधीनता के पुजारी सुभाष चन्द्र बोस ने भारत माता की आजादी के लिये अपना सर्वस्व, अपार योग्यता और कार्यशक्ति मातृभूमि के चरणों में अर्पित कर दिया। त्याग और बलिदान की इस प्रतिमूर्ति को कोटि-कोटि प्रणाम।

9

अनमोल विचार

- तुम मुझे खून दो मैं तुम्हें आजादी दूंगा!
- राष्ट्रवाद मानव जाति के उच्चतम आदर्शों सत्यम, शिवम्, सुन्दरम से प्रेरित है।
- भारत में राष्ट्रवाद ने एक ऐसी शक्ति का संचार किया है जो लोगों के अन्दर सदियों से निष्क्रिय पड़ी थी।
- याद रखिये सबसे बड़ा अपराध अन्याय सहना और गलत के साथ समझौता करना है।
- एक सच्चे सैनिक को सैन्य और आध्यात्मिक दोनों ही प्रशिक्षण की जरूरत होती है।
- इतिहास में कभी भी विचार-विमर्श से कोई ठोस परिवर्तन नहीं हासिल किया गया है।
- मेरे मन में कोई संदेह नहीं है कि हमारे देश की प्रमुख समस्याएं गरीबी, अशिक्षा, बीमारी, कुशल उत्पादन एवं वितरण सिर्फ समाजवादी तरीके से ही की जा सकती है।
- ये हमारा कर्तव्य है कि हम अपनी स्वतंत्रता का मोल अपने खून से चुकाएं। हमें अपने बलिदान और परिश्रम से जो आजादी मिले, हमारे अन्दर उसकी रक्षा करने की ताकत होनी चाहिए।
- आज हमारे अन्दर बस एक ही इच्छा होनी चाहिए, मरने की इच्छा, ताकि भारत जी सके! एक शहीद की मौत मरने की इच्छा, ताकि स्वतंत्रता का मार्ग शहीदों के खून से प्रशश्त हो सके।

- एक सैनिक के रूप में आपको हमेशा तीन आदर्शों को संजोना और उन पर जीना होगा–सच्चाई, कर्तव्य और बलिदान। जो सिपाही हमेशा अपने देश के प्रति वफादार रहता है, जो हमेशा अपना जीवन बलिदान करने को तैयार रहता है, वो अजेय है। अगर तुम भी अजेय बनना चाहते हो तो इन तीन आदर्शों को अपने हृदय में समाहित कर लो।

10

घटनाक्रम

1987—नेताजी सुभाषचंद्र बोस का जन्म 23 जनवरी, 1897 को जानकी नाथ बोस और श्रीमती प्रभावती देवी के घर में हुआ था।

1913—उन्होंने 1913 में अपनी कॉलेज शिक्षा की शुरुआत की और कलकत्ता के प्रेसिडेंसी कॉलेज में दाखिला लिया।

1915—सन् 1915 में उन्होंने इंटरमीडिएट की परीक्षा प्रथम श्रेणी में उत्तीर्ण की।

1916—ब्रिटिश प्रोफेसर के साथ दुर्व्यवहार के आरोप में निलंबित कर दिया गया।

1917—सुभाषचंद्र ने 1917 में स्कॉटिश चर्च कॉलेज में फिलॉस्फी ऑनर्स में प्रवेश लिया।

1919—फिलॉस्फी ऑनर्स में प्रथम स्थान अर्जित करने के साथ आईसीएस परीक्षा देने के लिए इंग्लैण्ड रवाना हो गए।

1920—सुभाषचंद्र बोस ने अँग्रेजी में सबसे अधिक अंक के साथ आईसीएस की परीक्षा न केवल उत्तीर्ण की, बल्कि चौथा स्थान भी प्राप्त किया।

1920—उन्हें कैंब्रिज विश्वविद्यालय की प्रतिष्ठित डिग्री प्राप्त हुई।

1921—अँग्रेजों ने उन्हें गिरफ्तार कर लिया।

1922—1 अगस्त, 1922 को जेल से बाहर आए और देशबंधु चितरंजनदास की अगुवाई में गया काँग्रेस अधिवेशन में स्वराज दल में शामिल हो गए।

1923–सन 1923 में वह भारतीय युवक काँग्रेस के अध्यक्ष चुने गए। इसके साथ ही बंगाल काँग्रेस के सचिव भी चुने गए। उन्होंने देशबंधु की स्थापित पत्रिका 'फॉरवर्ड' का संपादन करना शुरू किया।

1924–स्वराज दल को कलकत्ता म्युनिसिपल चुनाव में भारी सफलता मिली। देशबंधु मेयर बने और सुभाषचंद्र बोस को मुख्य कार्यकारी अधिकारी मनोनीत किया गया। सुभाष के बढ़ते प्रभाव को अँग्रेजी सरकार बरदाश्त नहीं कर सकी और अक्टूबर में ब्रिटिश सरकार ने एक बार फिर उन्हें गिरफ्तार कर लिया।

1925–देशबंधु का निधन हो गया।

1927–नेताजी, जवाहरलाल नेहरू के साथ अखिल भारतीय काँग्रेस कमेटी के साधारण सचिव चुनने गए।

1928–स्वतंत्रता आंदोलन को धार देने के लिए उन्होंने भारतीय काँग्रेस के कलकत्ता अधिवेशन के दौरान स्वैच्छिक संगठन गठित किया। नेताजी इस संगठन के जनरल ऑफिसर इन कमांड चुने गए।

1930–उन्हें जेल भेज दिया गया। जेल में रहने के दौरान ही उन्होंने कलकत्ता के मेयर का चुनाव जीता।

1931–23 मार्च, 1931 को भगतसिंह को फाँसी दे दी गई, जो कि नेताजी और महात्मा गाँधी में मतभेद का कारण बनी।

1932-1936–नेताजी ने भारत की आजादी के लिए विदेशी नेताओं से दबाव डलवाने के लिए इटली में मुसोलनी, जर्मनी में फेल्डर, आयरलैंड में वालेरा और फ्रांस में रोमा रोनांड से मुलाकात की।

1936–13 अप्रैल, 1936 को भारत आने पर उन्हें बंबई में गिरफ्तार कर लिया गया।

1936-37–रिहा होने के बाद उन्होंने यूरोप में 'इंडियन स्ट्रगल' प्रकाशित करना शुरू किया।

1938–हरिपुर अधिवेशन में काँग्रेस अध्यक्ष चुने गए। इस बीच शांति निकेतन में रवींद्रनाथ टैगोर ने उन्हें सम्मानित किया।

1939–महात्मा गाँधी के उम्मीदवार सीतारमैया को हराकर एक बार फिर काँग्रेस के अध्यक्ष बने। बाद में उन्होंने फॉरवर्ड ब्लॉक की स्थापना की।

1940–उन्हें नजरबंद कर दिया गया। इस बीच उपवास के कारण उनकी सेहत पर प्रतिकूल प्रभाव पड़ा।

1941—एक नाटकीय घटनाक्रम में वह 7 जनवरी, 1941 को गायब हो गए और अफगानिस्तान और रूस होते हुए जर्मनी पहुँचे।

1941—9 अप्रैल, 1941 को उन्होंने जर्मन सरकार को एक मेमोरेंडम सौंपा, जिसमें एक्सिस पॉवर और भारत के बीच परस्पर सहयोग को संदर्भित किया गया था। सुभाषचंद्र बोस ने इसी साल नवंबर में स्वतंत्र भारत केंद्र और स्वतंत्र भारत रेडियो की स्थापना की।

1943—वह नौसेना की मदद से जापान पहुँचे और वहाँ पहुँचकर उन्होंने टोक्यो रेडियो से भारतवासियों को संबोधित किया। 21 अक्टूबर, 1943 को आजाद हिन्द सरकार की स्थापना की और इसकी स्थापना अंडमान और निकोबार में की गई, जहाँ इसका शहीद और स्वराज नाम रखा गया।

1944—आजाद हिन्द फौज अराकान पहुँची और इंफाल के पास जंग छिड़ी। फौज ने कोहिमा (इंफाल) को अपने कब्जे में ले लिया।

1945—दूसरे विश्व युद्ध में जापान ने परमाणु हमले के बाद हथियार डाल दिए। इसके कुछ दिनों बाद नेताजी की हवाई दुर्घटना में मारे जाने की खबर आई। हालाँकि इस बारे में कोई प्रत्यक्ष प्रमाण नहीं प्राप्त हुए हैं।